Offert par l'auteur
à la Bibliothèque nationale
de France

NOTICE

GÉNÉALOGIQUE & HISTORIQUE

sur la famille

DE BARY

NOTICE

GÉNÉALOGIQUE & HISTORIQUE

sur la famille

DE BARY

originaire de Tournay, en Hainaut

établie depuis 1806

A GUEBWILLER, EN ALSACE

par

ALFRED DE BARY

COLMAR

TYPOGRAPHIE & LITHOGRAPHIE DE Vve J. B. JUNG

MDCCCLXXVII

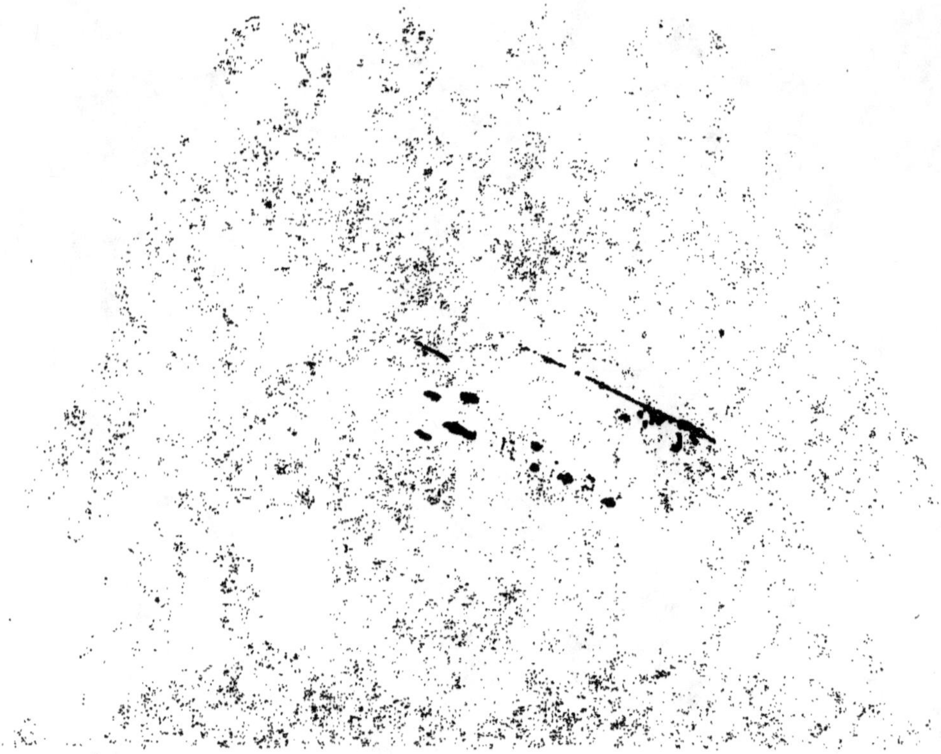

ARMOIRIES.

De Gueules à trois têtes de barbeau d'argent, 2 et 1.

Timbre : *un casque d'argent, taré aux trois quarts, grillé de sept grilles d'or, orné de ses lambrequins de gueules et d'argent.*

Cimier : *une étoile à rais d'or et un vol d'argent.*

Supports : *deux griffons d'or.*

Blasonné d'après des lettres testimoniales de 1563 et 1597 dont la copie sur parchemin est en possession de la branche de Bâle depuis l'an 1624.

Ces armoiries sont reproduites dans l'attestation de noblesse, délivrée le 12 mai 1858 par le Conseil héraldique du royaume de Belgique.

Le damoiseau Jean de Bary portait aux tournois de l'Epinette à Lille de 1435 à 1456 :

« *De gueules à 3 testes de barbeaux d'argent.*

« *Timbre : l'issant d'un griffon d'or.* »

La branche actuelle de Guebwiller timbre son écu de la couronne de la chevalerie belge.

INTRODUCTION.

Le village de Bary, près Tournay, en Hainaut, est le berceau de notre famille qui, d'origine chevaleresque, compte avec raison parmi les plus anciennes de l'aristocratie de cette antique capitale des Francs.

Notre nom s'écrivait autrefois *Bari*, ou *Bary* comme aujourd'hui; aussi *Barri* ou *Barry* par erreur.

De nombreuses recherches sur l'histoire de notre maison nous ont permis d'en rectifier d'une manière précise la généalogie jusqu'ici imparfaitement connue, et en livrant ce travail à l'impression, nous avons l'espoir qu'il pourra intéresser non-seulement les membres assez nombreux de notre famille, mais aussi quelques personnes amies qu'une œuvre archéologique de ce genre ne saurait laisser indifférentes.

Ces recherches ont été puissamment secondées par M. H. Van den Brœck, archiviste de Tournay, qui a droit à nos remercîments bien sincères pour son zèle érudit et sa rare complaisance.

Les avis et attestations que M. B.-C. du Mortier, ministre d'Etat, membre de l'Académie et de la Commission royale d'histoire de Belgique, etc., a bien voulu nous transmettre, nous ont été d'un grand secours. Nous réitérons ici à l'homme éminent, dont Tournay s'honore, l'expression de notre vive reconnaissance.

Plusieurs savants, entre autres feu Gœthals de Bruxelles, le généalogiste, M. le comte de Mas Latrie, professeur à l'école des Chartes de France, Sir Hardy Duffus, directeur du « Record office » d'Angleterre; M. Gustave Schlumberger, numismate distingué, M. le comte Paul-Armand du Chastel de la Howardries, auteur de plusieurs ouvrages généalogiques d'un grand mérite, nous ont aidé de leurs précieux conseils ou fourni des renseignements utiles de la manière la plus obligeante.

Nous trouvons en 1066 parmi les compagnons de Guillaume de Normandie, le premier de Bary ou Barry connu, mentionné dans les anciennes listes de ces célèbres aventuriers ; soit dans la liste dite du « *Monastère de la bataille* » (de Hastings), soit dans la liste publiée par Hollingshed, soit dans celle de Leland.

M. John Bernard Burke (auteur des ouvrages « *the Peerage* », « *Landed Gentry* », *etc.*), dans son petit ouvrage intitulé « *The Roll of Battle Abbey* » (London, 1848) sur les descendants des chevaliers qui suivirent le duc Guillaume en Angleterre, considère presque tous ces conquérants comme originaires de Normandie, notamment un Barbançon ou Brabazon qui aurait pris son nom d'un château de Brabazon en Normandie. Or, il n'exista jamais dans cette province un château ou une seigneurie de ce nom, mais c'est de la baronnie de Barbançon en Hainaut que les Barbançon ou Brabazon d'Angleterre sont évidemment originaires.

Le duc Guillaume ayant épousé en 1050, donc 16 ans avant

la bataille de Hastings, Mathilde, fille de Baudouin V de Flandre, ce fait seul suffirait pour expliquer la présence à cette bataille de nombreux vassaux de ce comte-souverain ainsi que de chevaliers, écuyers et hommes d'armes des contrées voisines, le Hainaut, le Brabant, le Cambrésis, l'Artois, etc.

Parmi les Tournaisiens, nous voyons figurer un Maubray et un Vilain, noms de noble race qu'on retrouvera parmi les Jurés ou Sénateurs de Tournay en 1280.

M. J.-B. Burke dit que le nom de Barry était ancien et noble dans le duché de Normandie avant la conquête et qu'il valut par conséquent à ceux qui le portaient une situation particulièrement élevée dans le pays de Galles et en Irlande. Mais comme il n'existe pas en Normandie plus de vestiges du nom de Bary que de celui de Barbançon, il nous paraît admissible que les descendants du Normand de Bary, qui existent encore en Irlande, et ceux des anciens seigneurs de Bary-lès-Tournay, ont la même origine.

Suivant M. Burke, GUILLAUME DE BARRI, probablement fils de l'aventurier normand, était, peu après la conquête, un personnage très-puissant, marié à Angharad, fille de Giraud de Windsor, châtelain de Pembroke, et de Nesta, fille de « *Rhys ap Tudor, Prince of South Wales* ».

Observons en passant que les fils de Giraud ou Gerald de Windsor et de la princesse Nesta, appelés Fitzgerald, furent les auteurs de l'illustre famille de ce nom.

Guillaume de Barri eut trois fils :

1. ROBERT, appelé BARRY-MORE, qui prit part à la

première expédition en Irlande, commandée par son oncle Robert Fitz-Stephen en 1170 ;

2. PHILIPPE, ancêtre des diverses branches successivement si influentes sous les Lords Barry, les vicomtes Buttevant et le comte de Barrymore. Philippe de Barry arriva en 1171 en Irlande à la tête d'une petite armée pour porter secours à son oncle et à son frère Robert ; il était accompagné de son plus jeune frère Giraud qui suit ;

3. GIRAUD, né vers 1146, mort vers 1223, célèbre historien connu sous le nom de « *Giraldus Cambrensis* ».

Augustin Thierry, dans son admirable ouvrage sur la conquête de l'Angleterre par les Normands, (t. III, p. 174 et suivantes) raconte l'histoire de Giraud de Barri, archidiacre, homme de grand savoir et de haute considération qui, après avoir été choisi pour évêque métropolitain de Saint-David par le clergé de la paroisse de Pembroke, dut renoncer aux affaires ecclésiastiques par suite des persécutions du roi Jean sans Terre et du clergé anglo-normand.

Giraud de Barri avait joui de la faveur des rois Henri II et Richard Cœur-de-Lion.

Les de Bary comptent donc parmi les premiers Anglo-Normands qui envahirent l'Irlande sous le règne de Henri II ; leurs propriétés s'accrurent énormément dans le comté de Cork où leur château Lyon ainsi que leurs résidences antérieures de Barryscourt et Buttevant rivalisèrent de splendeur avec les plus célèbres habitations seigneuriales du sud de l'Irlande. Plus tard, les confiscations politiques et religieuses dont leur pays d'adoption eut tant à souffrir, vinrent sensiblement réduire leurs possessions territoriales ; cependant, deux descendants de cette antique race vivaient encore en 1848 dans leurs domaines héréditaires : M. Garrett Standish Barry, ancien membre du parlement pour le comté de Cork, représentant des Barry de Lemlara ; et M. James Barry de Ballyclough, des Barry de Lisnegar, grand sherif de ce comté en 1841.

Dans son ouvrage intitulé « *Etudes étymologiques et* « *archéologiques sur les noms des villes, bourgs, villages,* « *hameaux, forêts, lacs et rivières de la province du* « *Hainaut* », M. A.-G. Chotin, ancien magistrat, dit au sujet du village de Bary ou Barri :

« Le nom de ce village fait supposer qu'il s'y est trouvé « anciennement un château-fort de quelque importance. En « effet, le mot bas-latin barum, barium, barrium dont il « procède, signifie barrière, barricade, par extension château- « fort. Aussi donnait-on autrefois le nom de barrian à « l'habitant d'une ville ou d'un château. Il est vrai qu'il ne « reste de celui de Barri ni trace ni tradition : c'est que le « temps est un épais rideau qui nous dérobe la vue du passé. »

M. Chotin ignorait le fait suivant qui n'est du reste arrivé à notre connaissance qu'il y a peu de temps.

M. le chanoine Wattecamps de Tournay, qui connaît parfaitement le village de Bary où il est né et où sa famille possède beaucoup de propriétés, nous a affirmé se souvenir que, dans sa jeunesse, un ouvrier lui a fait voir un reste de pavement de foyer provenant vraisemblablement d'une vieille construction seigneuriale. Ce vestige se trouvait sur une partie de terre sur laquelle s'étendait autrefois le bois Bary.

Lors de notre visite à Bary en septembre 1875, des notables de la localité, entre autres le magister âgé de 80 ans et son frère, âgé de 82 ans, nous déclarèrent bien se rappeler que l'on découvrit à l'endroit indiqué non-seulement des débris d'un foyer très-ancien, mais aussi les fondations d'un vaste château, qui furent peu après recouvertes de terre labourable.

Le village de Bary est situé à 2 lieues Est de Tournay, à égale distance entre cette ville et Leuze et à cheval sur la grand'route de Tournay à Bruxelles. Ce village et celui de Maulde ont une station de chemin de fer commune.

Le bois Bary, encore aujourd'hui très-étendu quoique la moitié environ en ait été peu à peu défrichée, faisait déjà au 12e siècle partie de la seigneurie de ce nom. On trouvera plus loin des citations d'actes de ventes par les anciens seigneurs de Bary de coupes faites dans le « *bosc de Bari* », ainsi que du blé des terres qui dépendent du village.

Rappelons ici qu'à la bataille de Fontenoy qui eut lieu le 11 mai 1745, le maréchal de Saxe fit appuyer l'aile gauche de l'armée française au bois de Bary.

Nous devons à l'obligeance de M. le chanoine Wattecamps la communication d'un vieux registre datant du commencement du 18e siècle et mentionnant les derniers seigneurs de Bary qui furent le prince Jean-Dominique-Albert de Salm, baron de Leuze, mort à l'étranger le 2 juin 1778, dont le service fut fait à Leuze le 9 juillet et à Bary le 20 du même mois ; puis, son frère et successeur, mort l'année suivante, pour lequel des services furent également célébrés. C'était un vieil usage de célébrer à Leuze et à Bary des services lors de la mort des seigneurs de ces localités.

Pour mieux comprendre l'histoire de nos ancêtres qui ont tenu une place marquante à Tournay pendant quatre siècles, il ne sera pas inutile de retracer les phases principales de l'histoire de cette ville jusqu'à la fin du 16e siècle ; nous allons essayer de les indiquer avec la concision désirable.

Il y avait en Belgique des cités antérieurement à l'invasion romaine. Dans ces cités, il existait un Sénat choisi parmi les citoyens les plus distingués et délibérant sur les intérêts communs. (Strabon.)

Après la bataille sanglante que les Nerviens soutinrent contre l'armée romaine, ils exposèrent à César que, de six cents sénateurs, trois seulement avaient survécu.

Suivant Poutrain (histoire de Tournay, La Haye 1750), le pays des Nerviens formait primitivement l'une des plus considérables provinces des Gaules, dont Tournay était la capitale où résidaient les sénateurs au nombre de soixante, subordonnés à un chef, « Summus Dux ». Ce chef composait avec le Sénat et le peuple une république semblable à celle de Venise ou de Gênes. Ils conservèrent leur état sous la domination romaine ; mais le chef étant devenu perpétuel et héréditaire en la personne des Empereurs, ils devinrent un membre du corps de l'empire avec les autres parties des Gaules.

La domination romaine s'étant rendue odieuse aux Belges, Clodion, chef des Francs, en 445, put aisément s'emparer de Tournay, clé des Gaules.

Détruite en 451 par Attila, cette ville fut relevée par Childéric, qui y mourut en 482.

Rappelons en passant que le tombeau de ce roi des Francs, fils de Mérovée et père de Clovis, a été découvert en 1652 près de l'église Saint-Brice à Tournay. Parmi les nombreux objets en or, contenus dans ce tombeau, entre autres 300 abeilles qui figurèrent sur le manteau du couronnement de Napoléon Ier, l'on trouva une bague d'or dont le sceau porte une tête en creux avec l'inscription : « *Childerici Regis* ». Ce bijou est conservé dans le trésor de la dite église.

Clovis naquit dans la maison royale de Tournay où il vécut avec sa mère Basine jusqu'à l'âge de 19 ans. Il ne fixa que partiellement plus tard sa cour à Soissons.

Dagobert, après Clovis le plus grand roi de la première race, tint une cour magnifique à Tournay. Saint-Eloi, évêque de cette ville, y fonda la célèbre abbaye de Saint-Martin vers l'an 640.

Dans son histoire de l'origine de la monarchie française, Du Bos, secrétaire perpétuel de l'Académie française en 1750, dit au sujet des Francs du Tournaisis :

« Après que les Gaules eurent été assujetties à la Monarchie « Française, tous les autres Francs eurent longtemps une « considération particulière pour les Francs du Tournaisis, « parce que ceux-ci descendaient apparemment des Francs

« dont Clovis était né Roi, et qui lui avaient aidé à faire ses « premières conquêtes. On regardait alors les Francs du « Tournaisis comme l'essaim le plus noble de la nation, « comme la Tribu, qui avait jeté les premiers fondements « de la grandeur de la Monarchie. »

Vers l'an 882, sous le règne de Louis III et de Carloman, fils de Louis le Bègue, les Normands dévastent à un tel point le pays de Tournay, que ses habitants, à la suite d'une délibération générale du clergé et de la commune, l'abandonnent et se retirent à Noyon sous la conduite de Hédilon, évêque des deux cités. Les Normands reviennent fondre sur Tournay, et trouvant la ville déserte, ils la réduisent en cendres.

Après 30 années de séjour à Noyon, il restait peu de Tournaisiens qui, nous dit Poutrain, tournassent encore quelquefois la tête du côté de leur ville natale, lorsque quatre des plus anciens bourgeois, qui avaient emporté de grandes richesses et qui en avaient encore laissé de plus grandes derrière eux, en héritages, jugeant la tempête passée, concertèrent leur retour et entreprirent de rétablir leur ville, rappelant tous ceux qui les voudraient suivre.

C'est donc vers l'an 912 que ces quatre puissants bourgeois vinrent rebâtir Tournay. L'abbé Hériman, qui vivait en 1140, nous apprend que cette entreprise fut faite sous les auspices d'un illustre seigneur qui se mit en possession des terres du Tournaisis qui n'avaient plus de maître. Ce seigneur est le premier châtelain présomptif de Tournay et

Gerulf, premier châtelain connu, ne peut être considéré que comme en descendant.

Cette première race de petits souverains ne se maintint pas longtemps, car Rodulphe ou Radou, avoué de l'abbaye de Saint-Amand dès 1022, s'empara en 1036 du château de Tournay et en chassa Gerulf.

Les seigneurs de la race de Radou ont joué dans l'histoire du Hainaut un rôle trop considérable pendant trois siècles comme châtelains de Tournay, sires de Mortagne et princes des Tournaisiens, pour qu'il ne nous ait pas paru nécessaire de signaler leur origine. On remarquera du reste, en parcourant notre travail généalogique, que trois membres de notre famille ont eu l'honneur de s'allier à des descendants de cette illustre maison, aux 13ᵉ et 15ᵉ siècles.

En l'an 1020, Tournay eut beaucoup à souffrir des persécutions d'un seigneur violent appelé Guéric le Sor, qui se disait descendant de Gérard de Roussillon, fameux paladin de la cour de Charlemagne. S'étant mis en possession d'une belle province nommée Brackbant ou Burbant, qui s'étendait le long de l'Escaut, de Condé à Gand et au-delà, il avait établi sa demeure à Leuze. Il vint attaquer Tournay et brûler le quartier de Saint-Brice, situé sur la rive droite de l'Escaut, puis il passa cette rivière et ravagea le Tournaisis.

Guéric le Sor avait épousé la fille unique de Rasson, seigneur de Chièvres, d'où sont descendus les seigneurs d'Avesnes et de Leuze, dont nos ancêtres étaient les hommes liges au 12ᵉ siècle.

Sous le règne de Henri Iᵉʳ, roi de France (petit fils de

Hughes Capet) en 1054, Tournay subit une attaque bien autrement sérieuse que celles du seigneur de Leuze.

Richilde, fille et héritière de Regnier II, comte de Hainaut, ayant épousé 3 années auparavant Baudouin de Flandre, fils du comte Baudouin de Flandre et de Adèle de France, sœur du roi Henri, l'empereur Henri d'Allemagne, irrité de cette alliance contractée sans son consentement avec une princesse de l'empire, avait déclaré la guerre à ces princes flamands.

L'empereur, à la tête d'une puissante armée, refoule en Flandre ses ennemis qui s'étaient avancés à sa rencontre en Lorraine, puis vient fondre sur Tournay où commandait pour Baudouin le comte de Louvain, son parent. Ce jeune capitaine, plein de valeur, se fait tuer dès les premières attaques et malgré le courage déployé par les bourgeois, la ville est prise d'assaut, pillée pendant 3 jours et incendiée.

Henri d'Allemagne étant mort en 1056, la paix fut conclue entre le nouvel empereur et le comte de Flandre, grâce à la médiation du pape Victor et du roi Henri de France. Cette paix assura à Baudouin, fils du comte de Flandre, qui fut surnommé de Mons, la ville de Tournay qui devint ainsi vassale des comtes de Hainaut. En effet, après la mort de Baudouin de Lille, comte de Flandre, advenue en 1067, son fils aîné Baudouin de Mons réunit en sa personne les comtés de Flandre et de Hainaut.

A la mort de Baudouin de Mons, son frère Robert, dit le Frison, s'empara de la Flandre malgré les secours envoyés par le roi Philippe Ier de France à la comtesse Richilde qui soutenait les droits de ses fils Arnould et Baudouin. Arnould, âgé de 17 ans, fut tué à la bataille de Saint-Omer, perdue par Richilde, et Baudouin ne put hériter que du comté de Hainaut.

Ce n'est que 123 ans plus tard que la Flandre retourna à la branche aînée par l'alliance d'une fille restée seule héritière des descendants de Robert le Frison.

L'on sait quelle part la Flandre et le Hainaut, ainsi que la Lorraine, prirent aux croisades.

A l'assaut de Jérusalem en 1099, Godefroi de Bouillon, duc de Lorraine, se jeta le premier dans la ville avec son frère Eustache, et les premiers qui les suivirent furent deux frères utérins nommés Ludolphe et Guillaume, gentilshommes tournaisiens (suivant Guillaume, archevêque de Tyr). Molanus nous apprend que le comte de Flandre entra cinquième et le duc de Normandie sixième dans Jérusalem.

Ce comte de Flandre était Robert II, fils de Robert le Frison, mort en 1093. A son retour dans son pays, il se servit des troupes ramenées de Palestine pour enlever Tournay au comte de Hainaut.

En 1168, Philippe d'Alsace, arrière petit-fils de Robert II, devint comte de Flandre.

A la même époque commença le règne de Philippe II, roi de France (surnommé Auguste), sous la régence de Philippe d'Alsace qui était aussi comte de Vermandois par sa femme Isabelle.

Le roi devenu majeur, conserva toute sa faveur au comte de Flandre qui lui fit épouser la fille de Marguerite, comtesse de Hainaut, sa sœur, en assurant pour dot à cette jeune princesse d'un rare mérite, la Flandre occidentale qui, par cette séparation du comté de Flandre, est devenue le pays d'Artois.

Aux fêtes de Noël 1187, Philippe Auguste alla rendre visite au comte Baudouin, son beau-père, à Valenciennes où ce prince tenait sa cour; et de là il vint à Tournay dont les habitants le reconnurent pour souverain, avec mille acclamations. (Poutrain.)

Nous verrons plus loin que si le comte de Hainaut renonça aussi aisément à la suzeraineté de cette riche cité, c'est parce que ses bourgeois étaient devenus trop puissants pour qu'un petit souverain fût assez fort pour les dominer.

Philippe Auguste s'étant arrêté huit jours à Tournay, charma les habitants par ses manières populaires et gracieuses. Il assista au renouvellement du magistrat, qui se fit en la forme qu'il avait trouvée établie et il pourvut à tout ce qui était de l'ordre du gouvernement, qu'il laissa à la commune, tant pour la police, que pour la garde et la défense de la ville, confirmant tous ses droits et ses privilèges; et après avoir pris congé de l'évêque qu'il assura, de même que le chapitre, de sa protection royale, il reprit la route de France. (Poutrain.)

Nous ne nous étendrons pas sur les raisons qui engagèrent en 1213 Ferrand de Portugal, comte de Flandre et de Hainaut (par Jeanne, son épouse, fille de Baudouin, empereur de Constantinople et de Marie de Champagne), à se liguer contre la France avec Othon, empereur d'Allemagne et le roi d'Angleterre.

Ferrand, après avoir inutilement assiégé Lille, vint attaquer Tournay qui était sans garnison. Cette malheureuse ville se défendit pendant huit jours et soutint plusieurs assauts, mais elle succomba et fut pillée. Sur soixante notables bourgeois emmenés à Gand, comme otages, le comte Ferrand en fit décapiter sept pour se venger de ce que leur cité s'était donnée au roi de France.

Philippe Auguste retourne en Flandre, châtie les Lillois qui s'étaient lâchement rendus à Ferrand après la prise de Tournay, puis fait rétablir les murailles et les portes de cette ville fidèle. C'est alors que Gosluin, évêque de Tournay, lance l'interdit sur toute la Flandre et excommunie le comte Ferrand pour avoir, sans raison, presque détruit le chef-lieu de son diocèse.

L'année suivante, la ligue formée contre le roi de France prend des proportions formidables, mais elle n'en vient pas moins échouer dans la plaine de Bouvines.

Philippe Auguste était sorti de Tournay, le 27 juillet 1214, à la pointe du jour, feignant de vouloir gagner Lille avec son armée et il sut attirer l'ennemi de manière à commencer la bataille à 2 heures après-midi par un soleil ardent que les alliés avaient en front et les Français à dos.

Le comte de Flandre fait prisonnier, demeura dans la prison du Louvre jusqu'au règne de Louis IX, dit Saint-Louis, et la comtesse Jeanne, renvoyée dans ses états par le roi victorieux, les gouverna de son chef.

Sous le règne de Saint-Louis, l'évêque Walter de Marvis, fils d'un savetier demeurant en la rue Haigne (paroisse de Saint-Brice), occupa dignement le siége épiscopal de Tournay.

A la même époque, c'est-à-dire vers le milieu du 13e siècle, la population, l'industrie et la richesse du Tournaisis, ainsi que de la Flandre, s'accrurent énormément.

Saint-Louis honora Tournay de sa présence en 1255, après sa première expédition en Terre-Sainte.

Philippe III, son fils, passa par Tournay en 1274, après avoir été épouser à Bruxelles une princesse de Brabant, et son séjour dans la première ville fut l'occasion de joûtes et de tournois.

Tournay avec sa province et toute la Flandre jouirent d'une paix profonde sous ce règne de même que sous le précédent, qui furent un âge d'or pour le pays; car depuis la bataille de Bouvines, pendant plus de 80 ans, il ne s'y était pas produit le moindre mouvement de guerre. « Aussi, « la vieille cité franche prenait-elle chaque jour un nouveau « relief; ce n'étaient que nouveaux édifices, que nouveaux « ouvrages publics, tant pour l'ornement que pour la défense « et l'agrandissement de la ville, que nouvelles églises « paroissiales, que nouvelles communautés religieuses, que « fondations pieuses, que nouvelles chapelles à Notre-Dame. » (Poutrain.)

Philippe le Bel, qui avait succédé au roi Philippe III, son père, en 1285, ayant appris que le comte Guy de Flandre avait promis sa fille au roi d'Angleterre pour le prince de Galles, dut s'opposer à l'union aussi complète de ses plus puissants vassaux en exigeant que la jeune princesse flamande, sa filleule, fût confiée à la reine de France.

Le comte de Flandre, tout en ayant cédé sur ce point, s'allie définitivement au roi Edouard d'Angleterre et à l'empereur Rodolphe de Nassau.

Aussitôt Philippe le Bel envahit la Flandre avec une puissante armée, s'empare de Lille et, en vertu d'une bulle du pape, fait excommunier le comte Guy par Jean de Wasonne, évêque de Tournay. Mais le Saint-Père s'étant entremis pour faire conclure la paix, une trève de 2 années fut décidée à l'abbaye de Saint-Martin, ce qui n'empêcha pas les Flamands de continuer leurs courses dans le Tournaisis, de le ravager et de venir sommer la ville, dont les bourgeois finirent par les repousser vigoureusement.

La paix s'étant faite avec le roi d'Angleterre et l'empereur qui avaient abandonné le comte Guy, leur allié, le comte de Valois, frère de Philippe le Bel, vint soumettre la Flandre avec une armée plus forte encore que la première. Le vieux comte et trois de ses fils, réfugiés à Namur, sont attirés à une conférence, puis amenés et retenus captifs à Paris. Le roi réunit la Flandre à la couronne et en vient prendre possession avec la reine en 1301. Leurs Majestés visitent Bruges, Gand et toutes les autres villes importantes, gagnant le cœur des Flamands par leur affabilité et leur libéralité. Rappelons ici l'étonnement de la reine au sujet du luxe et et de la richesse des habits des femmes, qu'une beauté naturelle faisait encore éclater davantage. L'on sait qu'il échappa à cette grande souveraine *d'en marquer sa surprise les premiers jours qu'elle était à Bruges, par ce petit trait, qu'elle avait cru paraître en cette ville comme la seule reine qu'il y eût, mais qu'elle y en avait vu plus de six cents, qui pouvaient lui disputer cette qualité par leur parure.* (Poutrain.)

Le roi à son retour passa par Tournay où il fit aussi publier l'édit de réunion, déclarant aux magistrats qu'il les en félicitait et qu'à l'avenir ils n'auraient plus d'insultes à craindre des Flamands devenus comme eux ses sujets et avec lesquels ils ne formeraient plus qu'une même province de son royaume.

Cependant l'année suivante déjà, la Flandre entière se révoltait à l'exemple de Bruges d'où le seigneur de Châtillon, oncle de la reine et gouverneur général, n'échappa qu'avec peine au massacre de deux mille Français par la multitude commandée par le tisserand Philippe le Roy.

Le comte d'Artois, à la tête de l'armée royale, part en juillet (1302) de Lille pour aller combattre les Flamands près de Courtray où leur armée, commandée par Guy de Flandre et Guillaume de Juliers, s'était grossie chaque jour depuis le massacre de Bruges.

L'armée française, ayant attaqué avec une fougue irréfléchie, vint en partie se jeter dans un canal étroit et profond qui protégeait l'ennemi, et celui-ci sut profiter du désordre des premiers rangs des troupes royales pour les enfoncer et en faire un terrible carnage. Là furent tués le comte d'Artois, le seigneur de Vierson, châtelain de Tournay, le fils du comte de Hainaut, le comte de St.-Pol, Simon de

Melun, maréchal de France et l'élite de la noblesse française. Quatre mille paires d'éperons furent ramassées par les vainqueurs qui appelèrent cette bataille « la journée des éperons. »

Jean de Brabant, seigneur de Vierson, fils de Godefroi, frère de Jean, duc de Brabant, avait épousé en 1297 Marie de Mortagne, châtelaine de Tournay.

Toutes les villes de Flandre, même Lille et Douai, étant retournées à leurs princes victorieux, Tournay se retrouva isolé au milieu de ses ennemis jurés qui vinrent sans retard fondre sur le Tournaisis et, après l'avoir saccagé, sur la ville. Ses faubourgs sont brûlés; mais les bourgeois, quoique sans garnison, se défendent avec une telle énergie, que les Flamands se voient forcés de décamper. Le péril, c'est-à-dire la ruine totale de Tournay, n'eût été que momentanément écarté si 1400 hommes d'armes sous la conduite de Foucaut de Merle, maréchal de France, et quelques troupes du comte Jean de Hainaut, commandés par Mathieu de Ligne, n'y étaient venus tenir garnison. En effet, dès le mois d'août 1303, cinquante mille Flamands investirent la cité franche qui eut ainsi à subir un huitième siége, de six semaines cette fois-ci.

La ville se défendait opiniâtrement, mais commençait à souffrir de la disette, quand le roi obtint la cessation des hostilités en renvoyant aux Flamands leur comte, chargé d'un projet de paix. Ce vieux prince, cependant, n'ayant pu faire accepter par ses sujets les propositions par trop dures du roi, reprit le chemin de sa prison au château de

Compiègne, où il mourut peu de mois après. (Jean Cousin, Histoire de Tournay, parue en 1620.)

Pour prévenir ses ennemis l'année suivante, Philippe le Bel arrive à Tournay avec une armée de soixante mille hommes, impatiente de venger les Français morts devant Courtray et d'effacer la honte de cette défaite.

Gilles Li Muisis, abbé de St.-Martin, auteur contemporain, rapporte que le roi entra dans la ville, accompagné des comtes de Valois et d'Evreux, ses frères, et qu'après avoir été faire sa prière à Notre-Dame, il alla rejoindre son armée avec laquelle il prit le chemin de Douai pour camper à Mons-en-Pevèle, village élevé sur un tertre dans une vaste plaine, à 5 lieues de Tournay. L'armée flamande, sous le commandement de Philippe de Flandre et du comte de Juliers, suivait de près les troupes royales depuis plusieurs jours. Le 18 août (1304) au soir, lorsque celles-ci s'y attendaient le moins, elles furent attaquées avec tant de furie, que le corps du comte de Juliers pénétra jusqu'à l'arrière-garde, où était le quartier du roi, et quelques soldats flamands entrèrent même dans sa tente où le couvert était mis pour le souper. Le roi venait heureusement de sortir, attiré par le bruit; il s'élance à cheval et se jette dans la mêlée, suivi de quelques seigneurs. Après avoir failli succomber sous le nombre, Philippe le Bel est sauvé par son cheval qui, blessé par une flèche, s'emporte et l'entraîne hors de la mêlée; mais il revient charger à la tête d'un escadron l'ennemi qu'il force de plier et le comte de Juliers est tué en combattant avec une valeur extrême.

Après une lutte acharnée de 3 heures, les Flamands, inférieurs en nombre, sont mis en déroute et ont plus de six mille hommes tués, tandis que les Français n'en perdent que quinze cents.

Les Flamands ne se découragèrent pas et avant la fin du même mois, ils se représentaient déjà au nombre de plus de soixante mille devant l'armée française.

Le roi prit le parti de la modération et l'on s'occupa de formuler un projet de traité, qui fut signé par le comte Robert de Flandre dans sa prison de Compiègne. Ce traité donna la liberté à ce prince qui remit par contre Lille et Douai à la France.

Qu'il nous soit permis de transcrire ici une page de l'histoire de Poutrain, dont le récit suivant prouve qu'en l'an de grâce 1307, les choses ne se passaient pas plus mal à Tournay que de nos jours dans certains pays affligés d'institutions républicaines.

« Depuis que Philippe Auguste eut confirmé les priviléges
« de Tournai, lui et les Rois ses successeurs avaient laissé
« la Ville en possession de son ancien Gouvernement, et le
« peuple disposait de tout avec le même pouvoir qu'il s'était
« autrefois attribué sous les Evêques. Aussi était-il toujours
« le même, toujours agité de l'esprit d'orgueil et de sédition.
« Les Magistrats avaient jugé nécessaire d'imposer une taille
« pour subvenir aux besoins de la Ville, sans consulter la
« commune. Aussi-tôt la populace s'émeute, court en foule

« à l'hôtel de Ville, et emprisonne les Prévôt, Jurés et « Echevins ; en même tems la Place se remplit de Gens « armés, aussi échaûffés, que s'il eût été question de « repousser les ennemis, qui eussent surpris la Ville ; à « l'instant un orage s'élève mêlé de foudres, et d'éclairs, et « un torrent de pluie fait disparaître la multitude. La « première saillie étant passée, on s'assemble la nuit suivante « par notables de Paroisses, pour délibérer sur ce qu'on « devait faire : Ceux de Notre-Dame et de S. Quentin « proposent un sage Gentil-homme qui était dans une estime « générale, appelé Mathieu de Haudion, pour règler sur son « avis la conduite qu'ils devaient tenir dans cette affaire ; il « est prié de se rendre dans leur assemblée ; il s'y rend ; et « après s'être un peu fait presser de parler, il leur dit que « Tournai était une noble Cité, et que le roi de France « n'aimerait pas mieux que de profiter de leurs dissensions, « pour mettre la main dessus, c'est à dire, pour ôter à la « Ville le droit de commune et y établir des officiers Royaux ; « que son avis était qu'on fît de nouveaux Magistrats, et « qu'on informât de la conduite des anciens, pour les punir, « s'ils étaient coupables. C'était donner beaucoup à l'inso-« lence populaire : Mais le peuple était le maître, et le « seigneur de Haudion sçavait que dans ces occasions le « grand moyen de le ramener est de le flatter. Le conseil « est applaudi ; on fait de nouveaux Prévôt, Jurés et « Echevins, comme on en faisait chaque année à la Saint « Luc. Permis aux autres de retourner chez eux, et l'émotion « fut appaisée. Croira-t-on aujourd'hui dans Tournai qu'il

« s'y soit passé autrefois de pareils désordres ? Tant la « démocratie, qui serait le plus heureux Gouvernement des « peuples, s'ils étaient faits comme ils devraient l'être, est « une peste pour eux, faits comme ils le sont ! »

Avant le règne de Philippe le Bel, les évêques de Tournay jouissaient seuls du droit de battre monnaie dans le château où résidaient les châtelains, château situé dans l'île de St.-Pancrace. L'évêque Philippe Meuze de Gand avait concédé en 1279 au roi Philippe III la faculté de battre monnaie à Tournay pendant 4 ans. Les successeurs de ce prélat laissèrent Philippe IV en possession de ce droit, dont aucun roi ne fit un usage plus étendu ; il existe en effet plus de vingt mandements de Philippe le Bel aux officiers de l'hôtel des monnaies de Tournay pour le règlement de la fabrication des espèces.

La dame châtelaine de Tournay, Marie de Mortagne, veuve de Jean de Brabant, seigneur de Vierson, étant morte en 1309 sans enfants, son oncle Baudouin de Mortagne, seigneur de Landas, dernier survivant des cinq frères du dernier châtelain en ligne directe, se trouva être héritier universel.

Baudouin de Mortagne, ainsi devenu treizième châtelain, avait épousé Béatrix de Landas, fille et unique héritière de Gilles, fils d'Alméric X, seigneur de Landas.

Jean de Mortagne-Landas, fils de Baudouin, ayant épousé Marie de Landas, sa cousine, fille et unique héritière de Jean de Landas, seigneur de Warlaing et de Boucharde, dame de Sainghin en Melanthois, il s'en suit que les barons de Landas, qui existaient encore vers le milieu du 18ᵉ siècle, étaient vraiment Mortagne et réunissaient par conséquent en eux les deux plus anciennes et plus illustres maisons du pays, remontant toutes deux jusqu'à la fin du dixième siècle. (Poutrain, p. 638.)

Jean Cousin, chanoine tournaisien, nous apprend comment Philippe IV fut amené à mettre fin au pouvoir quasi-souverain des châtelains de Tournay.

Le célèbre Enguerrand de Marigny, ministre et mignon du roi, désirant faire annexer à la couronne de France la châtellenie de Tournay et le château de Mortagne, réussit à obtenir le consentement de Baudouin à une espèce d'échange avec le roi. En récompense de la cession de la seigneurie de Mortagne et de la châtellenie de Tournay, le roi érigea les terres de Landas, de Bouvignies et de Wannehain en une seule baronnie et fief, pour la posséder sans dépendance et exempte de tous droits même royaux, comme les châtelains avaient possédé Mortagne et le Tournaisis. L'acte en fut passé en 1313.

Philippe le Bel étant mort en 1314, son fils Louis, dit Hutin, Xᵉ du nom, après avoir été proclamé roi, vint en Flandre avec une armée pour forcer le comte Robert et les Flamands à exécuter le traité qu'ils ne respectaient pas, malgré la signature de ce prince.

Les Tournaisiens envoyèrent au roi *trois cents soudoyés à cottes rouges et chasteaux blancs dessus*, c'est-à-dire les 300 hommes d'armes que la ville s'était engagée envers

Philippe Auguste, à fournir aux rois de France en campagne, pour leur servir de gardes du corps.

Dès l'origine des armoiries, la cité de Tournay avait adopté une tour d'argent, *au blanc chasteau*, sur champ de gueules. (Bozière, armorial de Tournay.)

Tandis que le roi Louis X était logé à Bondues vers Lille, en août 1315, la pluie ne cessa ni jour ni nuit, de sorte que les chevaux étaient dans l'eau jusqu'aux jarrets, les chevaliers dans la boue jusqu'à mi-jambe et le charroi, qui menait les victuailles, ne se pouvait tirer hors de la fange, ce qui força les Français à se retirer à leur grand détriment et leur grand regret.

Le roi vint à Tournay avec une partie de l'armée et descendit à Saint-Martin.

Ces pluies extraordinaires ayant ruiné les champs, il en résulta une famine suivie l'année d'après d'une peste qui enleva douze mille personnes dans la ville.

Sous le règne de Philippe V dit le Long, le pape s'entremit pour amener une réconciliation entre le roi et les Flamands. Un cardinal-légat arriva à Tournay avec les députés du roi le lendemain de la Saint-Jean 1319 ; ils allèrent au village de Saint-Léger à 3 lieues de la ville, rencontrer le comte Robert accompagné de sa noblesse et la paix fut conclue. Il s'en suivit en 1320 le mariage de Marguerite de France, fille de Philippe V, avec Louis de Flandre, comte de Nevers par sa mère, petit-fils du comte Robert.

En 1325, les Flamands se révoltent contre ce jeune prince devenu leur comte, qui prend les armes et marche contre eux ; mais il est battu, fait prisonnier et conduit à Bruges. Le roi Charles IV, dit le Bel, oncle de la comtesse, menace les sujets rebelles de sa colère, mais la mort vient l'enlever, après trois ans de règne, au moment où il allait entrer en Flandre.

Philippe de Valois, fils du frère de Philippe le Bel, fut appelé à la couronne de France en 1328, de par la loi salique et Edouard III, roi d'Angleterre, fils de la fille du même feu roi, se soumit à la décision des pairs de France, quoiqu'il eût commencé par prétendre que cette loi n'était pas applicable à sa personne.

Le comte de Flandre s'étant sauvé de sa prison de Bruges et réfugié en France, implora le secours du nouveau roi, Philippe VI. Celui-ci rassembla son armée à Arras, puis rejoignit l'armée flamande à Cassel et dans une bataille acharnée où dix-huit mille hommes, dont six mille Français seulement, mordirent la poussière, les Flamands furent complètement défaits.

Le comte Louis fut rétabli dans ses Etats et Philippe de Valois retourna en France.

Comme le roi commandait en personne, les Tournaisiens lui avaient envoyé six cents soudoyés, savoir 200 arbalétriers et 400 hommes à glaive, sous la conduite de Gautier de Calonne. Ce gentilhomme fut si bien reçu du roi, qu'il entrait en sa tente quand il voulait et que ses gens y montèrent la garde jusqu'à la bataille : marque de distinction bien glorieuse pour Tournay. (Poutrain.)

Trois ans après la bataille de Cassel, les Tournaisiens, qui jouissaient, comme le reste du pays, d'une paix profonde, donnèrent une magnifique fête *dite des Trente-un-Rois*, le lundi et le mardi après la Fête-Dieu. Il s'y trouva des compagnies de Paris, de Senlis, de Reims, de Saint-Quentin, de Compiègne, d'Amiens, d'Arras, de Saint-Omer, de Lille, de Douai, de Gand, de Bruges et de plusieurs autres villes.

Ces sortes de fêtes étaient alors partout en vogue ; les principaux habitants des villes se faisant honneur d'en être, et il y régnait un faste et une somptuosité qui souvent ruinaient les familles. L'usage avait introduit dans toutes les villes ces fêtes qu'on y célébrait pompeusement en joûtes, carrousels et tournois.

Lille avait la fête de l'Epinette ; Douai, la fête aux ânes ; Valenciennes, la fête du Prince de Plaisance ; le Quesnoy, la fête du plat d'argent, etc.

Nous trouvons dans l'histoire de Tournay, publiée en 1840 par M. A.-G. Chotin, les noms des trente et un damoiseaux qui représentèrent les trente et un rois au tournoi de 1331 et nous citerons parmi eux :

Jacques de Corbry, *le roi Gallehos,* qui porta *d'azur semé de couronnes d'or ;*

Pierre de Waudripont, *le roi Boort d'Irlande,* qui porta *d'azur à deux araínes (cors de chasse) d'or, semés de trauvins (treffles) d'or ;*

Jehan Thiebegod, *le roi Caradebrinbas,* qui porta *d'or à trois pens de gueules, à une fasce d'argent à trois coquilles d'azur ;*

Joffroy d'Orque, *le roi Tenor de la haute rivière*, qui porta *d'argent fretté de gueules, et en l'argent fleurs de lis de gueules ;*

Jehan Warison, *le roi Lach Rocheline*, qui porta *de gueules à trois rameaux d'or, billeté d'or à un quartier burelé d'or et d'azur ;*

Gossuin du Mortier, *le roi d'Econe*, qui porta *échiqueté d'or et d'azur*.

M. Chotin nous apprend de quelle manière la célèbre confrérie des damoiseaux de Tournay fut fondée et comme nos ancêtres en faisaient partie, nous n'hésitons pas à reproduire ici ce récit fort intéressant pour nous :

« L'an 1280 fut remarquable par une peste qui désola « Tournai et les environs. Pour arrêter les progrès de ce « terrible fléau, on fonda en l'honneur et à la gloire de la « Vierge Marie la confrérie des « Damoisaux. » C'est ainsi « qu'on appelait les gentilshommes non chevaliers. Cette « confrérie compta jusque dans les derniers temps les citoyens « les plus distingués parmi ses membres. Le chapitre en « était le protecteur. Il lui avait donné, lors de sa création, « une fierte ou châsse remplie de reliques, entre autres de « fragments de la verge d'Aaron, de la table, sur laquelle « le Seigneur avait célébré la Cène, et de quelques pierres « qui avaient servi à lapider St.-Etienne. Ils portaient à la « procession des habits brodés magnifiques, tous de même « couleur. Leurs robes étaient tantôt blanches, tantôt vertes, « tantôt écarlates et violettes. On les a vus, dans des tems « d'opulence, porter une verge blanche à la main, un

« chaperon entouré de fleurs surmonté de l'image de la « Vierge dans un soleil, le tout en or pur du poids d'une « once. Chaque confrère qui entrait dans cette sodalité, « faisait présent d'une châsse de bois travaillée avec art, et « peinte de couleurs précieuses. On la plaçait près du chœur « entre les colonnes. Toutes ces châsses furent détruites l'an « 1566 par les mains des hérétiques. »

Jean Cousin affirme que « le nom de Damoiseau est un « nom honorable » et que « Damoisel ou Damoiseau est « un nom diminutif de dominus, duquel les François an- « ciennement appeloient le gentilhomme qui n'estoit encores « chevalier, et nommoient Damoiselle une gentil-femme « n'ayant tiltre de Dame. »

En 1332, soit que la fête des 31 rois eût fait trop de bruit à la cour de France où la somptuosité des riches bourgeois de Tournay pouvait avoir été jugée défavorablement, ou que, par quelqu'autre occasion, la conduite des chefs de la ville eût été trouvée trop indépendante, les Tournaisiens subirent une éclatante disgrâce et le droit de commune leur fut ôté par un arrêt du parlement de Paris à la suite d'une enquête faite par les commissaires de la Cour.

Le roi envoya à Tournai comme gouverneur Jean du Chasteler, son chambellan, qui fit élire par le peuple assemblé en la halle 27 conseillers. Ceux-ci remplacèrent les prévôts et jurés jusqu'en l'an 1340 où le droit de commune fut rendu à la ville.

Nous arrivons maintenant à la fatale année 1337, où le comte Louis de Flandre est obligé de se réfugier en France pour se soustraire à la haine de ses sujets, dont le fameux Jacques d'Artevelde était devenu le chef véritable.

Le terrible agitateur gantois ne craint pas de se jeter dans les bras d'Edouard d'Angleterre qu'il engage à violer sa parole royale en se déclarant roi de France.

Edouard se ligue avec l'empereur Louis de Bavière, le duc de Brabant et le comte Guillaume de Hainaut, son beau-père, et vient assiéger Cambrai à la tête de soixante mille hommes pendant qu'Artevelde s'établit à Condé avec ses concitoyens.

Le roi Philippe s'étant avancé jusqu'à la frontière du Cambrésis, le roi Edouard prit le parti de se retirer en Flandre.

Ce fut en cette guerre, nous dit Poutrain, que ceux de Tournay se piquèrent de faire éclater leur zèle pour la France, au-dessus de toutes les autres villes du royaume : ils firent armer un homme par famille, ce qui produisit une levée de trois mille hommes, tout armés et équipés, vêtus d'un uniforme de drap rouge avec les armoiries de la ville sur la poitrine et le dos. Les deux tiers de ces soldats tinrent la campagne autour de Tournay et observèrent Artevelde; les autres mille hommes, commandés par Gautier de Calonne, allèrent rejoindre le roi Philippe qui fit chevalier à cette occasion le capitaine tournaisien.

L'année suivante, les Anglais, résolus à assiéger Tournay, viennent camper au pont d'Espierre, entre cette ville et

Oudenarde. Le roi Philippe fait défendre sa fidèle cité par quatre mille cavaliers et dix mille fantassins, commandés par le comte d'Eu, connétable de France, et le comte de Foix.

Enfin, le 30 juillet 1340, le roi Edouard et ses alliés avec une armée de plus de cent vingt mille hommes investissent la ville avec l'espoir de s'en emparer rapidement et bientôt elle est attaquée avec furie en trois endroits; mais elle est énergiquement défendue. Les grands capitaines français font chaque jour de vigoureuses sorties et quinze mille habitants prennent les armes résolus à s'ensevelir sous les ruines de leur belle cité plutôt que de la rendre.

Il y avait déjà 6 semaines que les alliés battaient la ville sans relâche lorsque ses chefs, redoutant la famine, en firent sortir plus de dix mille bouches inutiles. On sait ce qui eut lieu en pareil cas en 1870-1871 et la manière impitoyable dont les vieillards, les femmes et les enfants furent repoussés par les généraux allemands dans les places françaises bombardées, afin d'en accélérer la reddition. Eh bien! cela se passait tout autrement cinq cent trente ans auparavant; car ces pauvres gens (qui avaient été mis hors de Tournay en plein jour et se voyaient à la merci des ennemis) s'étant présentés devant le quartier du duc de Brabant, furent reçus humainement par ce noble prince et conduits par ses ordres au roi de France alors à Arras. (Cousin.)

Informé de la famine qui prenait chaque jour des proportions plus inquïétantes dans sa bonne ville, le roi Philippe se décida à tout tenter pour la conserver. Dans ce but, il vint camper à Pont-à-Bouvines, prêt à attaquer les alliés, quoique à forces inégales.

C'est alors que Jeanne de Valois, sœur de ce roi, mère du comte Guillaume II de Hainaut et belle-mère du roi Edouard, qui, après la mort du comte Guillaume Ier, son mari, était entrée comme religieuse au monastère de Fontenelles près de Valenciennes, arriva au village d'Esplechin, situé entre les deux armées, pour conjurer ces princes de cesser les hostilités. Une trève de 3 ans fut ainsi conclue malgré l'opposition de Jacques d'Artevelde et Tournay fut sauvé.

Le comte Louis de Flandre, réintégré dans ses états, fit un festin au roi d'Angleterre à Gand.

Le roi de France alla passer quelques jours à Lille, où les consaux de Tournay en corps, avec les doyens et sous-doyens, suivis d'une foule de bourgeois, lui furent rendre leurs respects; il les reçut à bras ouverts, les honora de sa familiarité, les combla de louanges et leur accorda tout ce qu'ils demandèrent. (Poutrain.)

L'une des faveurs que les Tournaisiens obtinrent, suivant Froissart, fut le rétablissement de leur commune, en quoi le célèbre chroniqueur était bien informé.

La trève étant expirée, le roi d'Angleterre transporte la guerre en Normandie. Philippe perd la bataille de Créci où toute l'armée française est mise en déroute. Un grand nombre de princes et seigneurs y périrent, entre autres le comte Louis de Flandre, tué aux côtés du roi de France.

Cette victoire fit oublier Tournay à Edouard qui, du

reste, avait en vue le siége de Calais, siége fameux qui occupa les Anglais pendant plus d'un an et permit au roi de France de se remettre du terrible échec subi à Créci.

Philippe de Valois étant mort en 1350, la guerre fut opiniâtrement continuée sous le règne de Jean, son fils.

Le nouveau roi visita Tournay en 1355 et en tête de lettres relatives à un privilége qu'il y accorda au mois d'avril il est intéressant de lire: *Jou Jehans, Sire de Mortagne et castelain de Tournay fæ sçavoir etc.*

Ce malheureux prince est battu à Poitiers l'année suivante et emmené prisonnier par les Anglais avec son fils Philippe.

En 1364, Charles, duc de Normandie, fils aîné du roi et premier dauphin, succède à son père mort en Angleterre.

Charles V, qui mérita le surnom de Sage, eut l'occasion de donner rendez-vous à Tournay en 1368 au comte Louis de Flandre pour traiter du mariage de Marguerite, fille et héritière de ce prince, avec Philippe, duc de Bourgogne, frère du roi. Le duc de Brabant et le comte de Hainaut qui étaient dans les intérêts de la France pour ce mariage, vinrent rejoindre le roi à l'abbaye de St.-Martin; mais le comte Louis, qui penchait pour l'alliance de sa fille avec le fils du roi Edouard d'Angleterre, pria le roi de France de l'excuser. Après avoir recommandé aux magistrats et aux principaux bourgeois de Tournay une union intérieure dont ils avaient donné peu d'exemples pendant les dernières années, marquées par des dissensions civiles, Charles V quitta cette ville, fort mécontent du comte de Flandre.

Cependant Marguerite de Valois, comtesse douairière de Flandre, qui depuis la mort de son mari à Créci, résidait à Arras, capitale de son comté d'Artois, ne fut pas plus tôt informée de la défaite donnée au roi par son fils, qu'elle alla trouver ce dernier à Malines et le sut influencer de telle manière, que le mariage de Philippe de France, duc de Bourgogne, avec Marguerite de Flandre, fut célébré à Gand en 1369 par Philippe d'Arbois, évêque de Tournay.

Charles VI vint à Tournay le 18 décembre 1382 après la bataille de Rosebecque où les Flamands révoltés, commandés par Philippe d'Artevelde, fils de Jacques, furent taillés en pièces.

Le comte Louis de Flandre étant mort en 1384, Philippe le Hardi, duc de Bourgogne, devenu comte de Flandre, chercha à obtenir par la douceur la soumission de ses nouveaux sujets. Ceux-ci furent invités à envoyer des députés à Tournay où arrivèrent le 5 décembre 1385 le duc et la duchesse de Bourgogne et Mademoiselle de Nevers, leur fille, ainsi que la duchesse de Brabant et Aubert de Bavière, comte de Hainaut. Le duc Philippe consentit à considérer le passé comme non avenu et la paix fut assurée après une guerre de sept ans qui avait causé la mort de plus de deux cent mille hommes. (Cousin.)

Philippe le Hardi mourut en 1404 et Marguerite de Flandre, son épouse, l'année suivante.

Jean, leur fils aîné, devenu duc de Bourgogne et comte de Flandre, passa par Tournay le 2 août 1405, accompagné de son frère Philippe, comte de Nevers. Aussi, lit-on dans les extraits des anciens registres des consaux de cette ville (1385-1422, par H. Vandenbrœck, Tournay 1861), sous la date du 17 juillet 1405 :

« Le duc de Bourgogne devant se rendre prochainement « à Tournai pour la première fois, les consaux décident de « lui offrir une queue de vin de Beaume, *et si accatera-on « à Watier Wettin le grant buef qu'il a pour en faire « présent.* »

C'est dans la même ville que dix ans plus tard, un traité mettant fin à la guerre provoquée par l'assassinat du duc d'Orléans, fut ratifié par le comte de Charolais, fils du duc de Bourgogne, en présence des commissaires du roi de France, du clergé et de la noblesse de Flandre. Ce traité fut garanti par le duc de Brabant et la comtesse de Hainaut, assistés du clergé et de la noblesse de Tournay.

Le dauphin Charles ayant entrepris de venger la mort de son oncle, la déplorable querelle qui divisait la maison de France ne fait que s'envenimer. Une réconciliation apparente est suivie de l'assassinat du duc de Bourgogne sur le pont de Montereau. Philippe, son fils, âgé de 20 ans, qui avait épousé Michelle de France, sœur du dauphin, va menacer le roi de se joindre aux Anglais déjà maîtres de Rouen, s'il n'obtient justice. Le pauvre monarque, d'un esprit affaibli, déclare le dauphin indigne de règner et Henri d'Angleterre, mari de sa fille Catherine, héritier du trône de France et régent du royaume.

Le roi Henri prit en conséquence possession de la cour, de Paris et de la plupart des villes du royaume.

Tournay fut du petit nombre de celles qui eurent assez de fermeté pour refuser de se soumettre à l'édit de Charles VI, malgré les menaces de ce malheureux roi qui mourut le 22 octobre 1422. Le dauphin fut reconnu peu après roi de France à Tournay, avec de grandes réjouissances et la ville fut mise en état de défense.

La naissance de Louis XI, fils de Charles VII, à Bourges, le 2 juillet 1423, fut connue à Tournay le 17 août et célébrée par une procession générale et des feux de joie. (Monstrelet.)

De 1423 à 1428, notamment sous l'administration des prévôts sire Jean de Quarmont et sire Jean de Mourcourt, la discorde régna parmi le peuple tournaisien qui se mutinait pour le moindre sujet et à la moindre occasion, nous dit Poutrain. Ce ne sont que bannières contre bannières, c'est-à-dire corps de métiers contre corps de métiers, armés et aux prises; des magistrats sont déposés, emprisonnés et quelques-uns d'entre eux, d'anciens prévôts même, sont exécutés par l'épée et par la corde. Monstrelet et Mayer en parlent et après eux Cousin, mais si confusément, qu'il est fort difficile de se rendre compte des causes qui ont pu amener de pareils désordres. Il paraît cependant assez clair que les gens de métier, ne comprenant pas les ménagements d'une sage politique, auxquels étaient tenus les corps gouvernants envers le trop puissant duc de Bourgogne, allié des Anglais, accusaient certains chefs de la ville de trahir la cause française. Des lettres données à ce sujet par Charles VII le 14 mars 1429, déchargent ces magistrats de toute complicité avec l'ennemi.

Ce roi avait en 1426 déjà reconnu la fidélité inébranlable des Tournaisiens en leur octroyant une addition d'armoiries consistant « en un chef de France, les fleurs de lys disposées en fasce. » (Diplôme aux archives de Tournay.)

Louis XI fit sa joyeuse entrée à Tournay le 6 février 1463; il y séjourna jusqu'au 18 du même mois et ce furent autant de jours de fête et de réjouissance pour les habitants. Les consaux, ravis des manières populaires et gracieuses d'un si grand roi, lui firent spontanément la remise d'un prêt de vingt mille écus.

Philippe II, duc de Bourgogne, dit le Bon, étant mort à Bruges en 1467, son fils Charles lui succéda. Les Tournaisiens, assez imprudents pour railler la nation flamande et même son nouveau prince dans leurs assemblées et leurs comédies, en furent cruellement punis par le duc Charles. Il défendit sous peine de mort à tous ses sujets de la Flandre ou du Hainaut d'avoir aucune relation de commerce avec les Tournaisiens, auxquels il interdit de plus son territoire.

Forcée de traiter, la ville acheta très cher la paix de Charles le Téméraire et plus tard, en 1471, lorsque la guerre eut éclaté entre ce prince et Louis XI, Tournay, autorisé par son souverain, conclut avec le duc Charles un traité de commerce, par lequel il s'obligea à lui payer 10,000 écus par an pendant toute la durée de la guerre et à la paix, 40,000 écus en 10 années. (Chotin.)

Charles le Téméraire est tué devant Nancy, le 5 janvier 1477, et aussitôt Louis XI s'empare d'une partie de la Bourgogne et de l'Artois. Cherchant à éviter que la guerre ne s'allume en Flandre et dans le Tournaisis, Marie de Bourgogne, unique héritière de son père, et les consaux de Tournay, se mettent d'accord pour déclarer neutre cette ville qui s'engage par conséquent à ne pas recevoir de garnison française.

Cependant maître Olivier le Dain, natif de Thielt en Flandre, ancien barbier et favori du roi, après avoir échoué dans ses intrigues à la cour de la duchesse Marie à Gand, vint se réfugier à Tournay et, désireux de faire rentrer son maître en possession complète de cette dernière ville, il eut recours à la ruse pour y introduire des troupes royales. Il s'entendit avec le sieur de Moy, bailli de Tournay, pour faire arriver secrètement son père, Colard de Moy, gouverneur militaire de St.-Quentin, devant les murs de la ville avec ses troupes. Celles-ci furent introduites le 23 mai par la porte Valenciennes, dont la garde bourgeoise avait été gagnée par maître Olivier.

Cette surprise réjouit fort la populace de Tournay, grande ennemie de ses voisins les Flamands et les Hennuyers; mais il en résulta pour le pays d'alentour tous les maux de la guerre, que les chefs de la ville avaient espéré éviter.

Les Bourguignons étant venus dévaster le Tournaisis, la garnison française alla punir les pillards, prendre Mortagne qui était à la duchesse, puis Leuze, seigneurie du duc de Nemours.

En même temps, Louis XI crut devoir s'assurer la fidélité de sa bonne ville de Tournay en mandant auprès de lui à Bouchain sire Martin de Bary, prévôt, Jean Canone, grand-doyen, Léon Haccart, mayeur des échevins, Arnould Bernard, sous-mayeur des éwardeurs, maître Salomon Testelin, avocat et souverain conseiller de la ville, et maître Jean Maure, premier greffier.

Le prévôt, le grand-doyen et le sous-mayeur furent congédiés, le lendemain de leur arrivée à la cour, par le roi qui fit par contre conduire Haccart, Testelin et Maure à Paris, où ils furent retenus comme otages avec Gilles de Loyaucourt, mayeur des éwardeurs, et plusieurs autres bourgeois de distinction, que Louis XI ordonna au capitaine Navarot Danglade de lui amener encore. Ces infortunés Tournaisiens subirent un exil de six années, le roi ne les ayant rendus à la liberté qu'en mai 1483, trois mois avant sa mort. (Chotin.)

En juin 1477, huit mille Flamands bien armés arrivent d'Espierre à Chin sous la conduite du duc Adolphe de Gueldre. Colard de Moy n'hésite pas à les attaquer le 26, au matin, à la tête de mille hommes de la garnison et de deux mille Tournaisiens; mais malgré la mort du duc de Gueldre et de beaucoup d'officiers flamands, les Français ne peuvent mettre l'ennemi en déroute et les deux armées se retirent en bon ordre dans leurs quartiers.

Philippe de Commines dit que cette mort triste et

misérable est advenue au duc de Gueldre par la juste punition de Dieu, qui a voulu venger l'outrage que ce prince avait fait à son père.

Quatre jours après, la bataille ayant recommencé, les Flamands complètement battus eurent 1200 hommes tués; mille prisonniers et un grand butin furent amenés à Tournay et vendus trois jours durant sur le grand marché.

Les Bourguignons, que cette défaite n'avait pas découragés, reviennent en masse piller les environs de la ville, qui décide d'envoyer au roi, à Arras, une députation pour le supplier de faire renforcer la garnison. Jehan Nicolay, auteur du *Kalendrier des guerres de Tournay de 1477 à 1479*, dont le manuscrit se trouve à la bibliothèque de Paris, nous apprend que cette députation était composée de sire Martin de Bary, second prévôt, Gérard de Hurtebise, mayeur des échevins de St.-Brice, Jehan Canone, grand-doyen, Pasquier Grenier et Jehan du Haveron, avocat de la commune. L'ambassade partit avec Jean de Chaumont, secrétaire du roi, et une aide de 14,000 florins accordée par les bannières à la demande du monarque. De Moy et sa troupe l'escortèrent jusqu'à Bouchain.

Tournay reçut un secours de cent lances, soit six cents hommes, et l'on recommença à batailler de plus belle jusqu'à ce qu'une trève d'un an eut été conclue.

A l'expiration de cette trève, l'archiduc Maximilien d'Autriche, qui était devenu duc de Brabant et comte de Flandre et de Hainaut par son mariage avec Marie de Bourgogne, se porta sur Tournay avec une armée de 12,000

Flamands ; mais la fermeté des bourgeois engagea ce prince à se retirer pour aller assiéger Térouane.

Là-dessus (en mai 1478), Louis XI vint prendre et détruire Condé. Ensuite, il se rendit à Tournay où de grandes réjouissances eurent lieu pour fêter et le roi, et la nouvelle trève qui venait d'être conclue.

Huit mois après, la paix fut signée à Arras.

Le règne de Charles VIII, qui dura 15 années, ne présente aucun fait de nature à trouver sa place dans notre abrégé de l'histoire de Tournay.

Après que la quadruple alliance du pape, de l'empereur, du roi d'Espagne et du roi d'Angleterre eut été conclue contre Louis XII, roi de France, Henri VIII descendit en France par Calais avec une armée de 43,000 hommes et vint détruire Térouane.

Le roi d'Angleterre marcha ensuite sur Tournay qui était sans troupes royales et il fut rejoint devant la place par l'empereur Maximilien. (Septembre 1513.)

La ville se met en mesure de se bien défendre ; elle arme ses boulevards avec sa belle artillerie et lève à ses gages des troupes dont elle confie le commandement à sire Jean Joseph, ancien prévôt et à trois autres capitaines.

Cependant les chefs de Tournay essayèrent de traiter, proposant d'acheter la paix tout en gardant le serment de fidélité prêté au roi Louis XII ; mais le peuple assemblé devant la halle se déclara prêt à mourir pour son souverain et le siége fut vigoureusement mené par l'ennemi.

Le dauphin, accouru au secours de la place, n'ayant pas réussi à s'en approcher et les Anglais étant sur le point de donner l'assaut après avoir ruiné la tour Blandinoise et enfoncé trois portes à coups de canon, Tournay capitula le 21 septembre. Le jeune monarque anglais exigea le paiement de 50,000 écus d'or et l'introduction dans la ville, forcée de le reconnaître comme roi de France, d'une garnison de 7000 hommes d'infanterie et 300 cavaliers.

Henri VIII fit son entrée dans Tournay le dimanche suivant (25 septembre); il reçut le serment du peuple et confirma ses priviléges.

C'est à la suite de ce changement si grave que les grandes fortunes abandonnèrent la vieille cité franque et sous ce rapport on peut avancer, suivant l'opinion de M. Chotin, que l'occupation anglaise lui fut très funeste.

En 1518, le roi François Ier réussit, grâce à ses bons rapports avec Henri VIII, à lui racheter Tournay, dont Gaspard de Colligny, seigneur de Châtillon (père du fameux amiral), vint prendre possession au nom de la France, le 8 février.

La guerre ayant éclaté en 1521 entre François Ier et Charles-Quint, cet empereur s'empressa d'ordonner le siége de Tournay et, après une belle défense, la ville fut obligée de se rendre, faute de secours. L'armée impériale en prit possession le 4 décembre, sous le commandement du sire de Lannoy, grand écuyer de l'empereur.

Par ses procédés indulgents envers Tournay, Charles-

Quint sut en peu de temps y conquérir tous les cœurs (Chotin); ce monarque refusa aux ennemis de cette cité de la démanteler et de l'incorporer soit dans le comté de Hainaut, soit dans celui de Flandre, et il décida que la ville et 75 villages formeraient une province particulière sous la dénomination de Tournaisis. Cette province eut un gouverneur spécial et un grand bailli.

Par une charte du 14 février 1522, l'empereur abolit le consistoire des ewardeurs et celui des doyens et sous-doyens des métiers et réduisit le collége des jurés à quatorze membres, savoir deux prévôts et douze jurés. Il se réserva leur nomination ainsi que celle des deux mayeurs et des douze échevins.

Le chanoine Jean Cousin nous apprend qu'en 1523 *l'hérésie commença à être semée à Tournay par la communication des livres pestilentieux de Martin Luther, que les marchans, qui traffiquoient au quartier d'Allemagne par curiosité impie, apportoient par deça.*

Charles-Quint fit sa joyeuse entrée dans Tournay le 2 novembre 1531 avec une cour magnifique et fut reçu avec enthousiasme par une population reconnaissante de ses bienfaits.

L'empereur ne quitta cette ville que le 7 décembre, après y avoir célébré avec une somptuosité extraordinaire la fête de l'ordre de la Toison d'or, institué à Lille cent ans auparavant par Philippe le Bon.

Tournay reçut le 7 août 1549 la visite du prince héréditaire Philippe d'Espagne, accompagné de l'empereur et des reines douairières de France et de Hongrie. Toute la ville se porta audevant de Leurs Majestés : Prévôts, jurés, mayeurs et échevins, conseillers, avocats, procureurs, greffiers, sergents à verge et sergents bâtonniers, officiers de l'hôtel des monnaies, gentilshommes, marchands, bourgeois et manants.

L'empereur, en recevant ensuite les chefs de Tournay dans son palais, leur donna l'assurance que tout ce que l'on avait fait pour sa réception lui avait été fort agréable et pour laisser à la ville quelque don et mémoire, il manda vers lui honorables hommes sire Jean de Maulde, grand-prévôt de la commune et sire Guillaume de Cambri, second prévôt, lesquels il fit chevaliers de sa propre main, en la chapelle St.-Laurent, leur donnant l'accolade en signe de chevalerie et de noblesse. (Chotin.)

Philippe II ne sut pas comme son père se faire aimer des Belges, n'étant qu'un espagnol ignorant, froid, sombre, inaccessible et défiant.

La réforme, dont l'invasion dans les Pays-Bas avait été singulièrement favorisée soit par le commerce, soit par les écrits d'Erasme, sous Charles-Quint qui avait montré un saint respect pour les privilèges du peuple, se déclara sous son fils, par horreur de l'inquisition, l'ennemie mortelle de son gouvernement. (Chotin.) Tournay fut une des premières villes où la réforme leva la tête. Un ministre français y prêcha la doctrine de Calvin sur la place publique une nuit d'octobre 1561, devant un auditoire de 500 personnes. Les prévôts ayant fait interdire le lendemain toutes les assemblées et les chants, on brava leur défense et plus de 4000 personnes se rassemblèrent.

Bientôt les mesures de rigueur ne font qu'augmenter l'audace des réformés qui se réunissent en armes et escortent leurs prédicants ainsi protégés par une vraie garde du corps.

Le 25 juillet 1566 les *Gueux* firent leur entrée dans Tournay, rangés en ordre comme gens de guerre, tous diversement armés, ayant à leur tête Pierre de Landas, leur capitaine. Robert de Terlin, Pierre de Rasse et d'autres bourgeois de grande fortune faisaient l'office de sergent. Le prédicant Charles, natif de la ville, homme instruit et fort estimé, venait ensuite avec ses chevaucheurs. Ils se rendirent sur la grand'place où ils firent le *limaçon* à l'heure qu'on célébrait la messe en l'église de St.-Jacques. Cette démonstration n'avait rien d'hostile, les dissidents ayant eu pour but de montrer que leur secte n'était pas moins prépondérante que celle des catholiques. (Chotin.) En effet, d'après une lettre du comte de Horne au roi, en date du 10 octobre suivant, les dissidents de Tournay y formaient les cinq sixièmes de la population.

Malgré les précautions prises par le magistrat à la nouvelle des désordres affreux commis en août de la même année 1566 par les iconoclastes dans les Flandres, le 24 de ce mois, jour de St.-Barthélémy, les Gueux en grand nombre et en armes, envahissent, en poussant des hurlements, la cathédrale et la livrent au pillage et à la profanation. Les tableaux, les objets du culte, les orgues sont brisés; le riche mobilier, que des siècles de pieuse magnificence avaient accumulé, est détruit et les nouveaux vandales violent les tombes des évêques et du duc de Gueldre. Le magistrat consterné fait sonner le tocsin et marcher les quatre compagnies bourgeoises vers la cathédrale; mais les archers, puis les arbalétriers et le serment St.-Michel refusent de charger les Gueux. La quatrième compagnie, celle des canonniers, entre seule, va droit aux pillards, leur présente le mousquet et menace de faire feu s'ils résistent. Les dévastateurs se débandent et l'on profite de leur désordre pour les chasser de la ville en leur tuant beaucoup de monde.

Cependant le gouverneur Jean de Chasteler, seigneur de Moulbaix, retiré au château, était si peu en mesure de s'opposer aux prêches, ou disposé à les interdire énergiquement, que les prédicants purent s'emparer des églises St.-Brice, St.-Jacques et St.-Nicaise où l'on appela le peuple au son des cloches.

C'est alors que la gouvernante des Pays-Bas, Marguerite de Parme, sollicitée par le magistrat qui se voyait impuissant, envoya à Tournay le comte Philippe de Horne, chevalier de la Toison d'or, qui était très-estimé des habitants. Le nouveau gouverneur, cherchant à faire cesser l'anarchie qui régnait dans la ville, entra en conférence aves les consaux et l'assemblée des ministres réformés, appelée « le consistoire. » On consentit à tolérer les prêches dans la cité, malgré les instructions contraires de la gouvernante, dans la crainte que le peuple ne se portât à de nouveaux désordres si on l'obligeait à courir aux champs pendant l'hiver qui approchait.

Constatons ici la déclaration de M. Chotin, écrivain impartial, que les réformés n'avaient pas tous à rougir des excès que l'on reprochait à leur secte. Un examen approfondi de tous les faits cités par les divers historiens de cette époque si troublée, nous permet même d'affirmer que bien peu de membres de la noblesse et de la haute bourgeoisie tournaisiennes, quoique la grande majorité de celles-ci eût embrassé les nouvelles doctrines, furent alors accusés d'avoir approuvé ces déplorables excès.

Le comte de Horne parut aux yeux de Philippe II trop accomodant et fut rappelé à Bruxelles où il retourna vers la fin de septembre (1566). Dix-huit mois après, pendant que son frère, le baron de Montigni, ancien gouverneur de Tournay, mourait empoisonné dans le château de Zimancas, lui-même fut, avec le comte d'Egmont, décapité par ordre d'un tyran trop bien secondé.

Les Gueux ayant recommencé leurs dévastations dans les campagnes, Philippe de Ste-Aldegonde, seigneur de Noircarmes, commandant de Valenciennes, vint les attaquer à Lannoi où il les défit complètement après un combat acharné. Ce succès engage Noircarmes à marcher sur Tournay qui n'ose résister et se rend à discrétion.

Les auteurs de la sédition sont jetés en prison, les consistoires sont abolis et toute l'énergie du parti réformé se trouve ainsi étouffée dans la ville.

Le 10 février 1567 arrivent à Tournay deux commissaires pour instruire l'affaire des troubles. Dès lors on décapite, pend et brûle chaque jour nombre de prisonniers de guerre, de magistrats, de réformés et d'anabaptistes.

Au seul bruit de l'arrivée du duc d'Albe à Bruxelles au mois d'août, plus de cent mille Belges s'exilent et vont porter en Allemagne et en Angleterre leurs richesses et leurs talents.

Le Petit, dans sa chronique de Hollande, dit *que le peuple s'enfuit en masse pour se soustraire à l'inquisition et que les métiers se transportaient de Tournay, de Valenciennes et d'autres endroits par de si grandes troupes, que non-seulement on s'en apercevait par la diminution des impôts, mais aussi on voyait que plusieurs villes, bons bourgs et villages s'en allaient presque en déserts.*

Les cruautés du duc d'Albe ayant provoqué la réprobation générale et les Gueux de mer s'étant emparés de la Brielle, il fut rappelé par le roi et remplacé par Don Juan de Requésens, commandeur de Castille.

En novembre 1576, les représentants de Tournay figurent au congrès de Gand, à la suite duquel le prince d'Orange est nommé généralissime et la déchéance de Philippe II est prononcée.

Pierre de Melun, prince d'Epinoy, était en ce temps-là gouverneur de Tournay; il avait épousé Philippine de Lalaing, nièce du comte de Horne et il vouait comme elle une haine implacable aux Espagnols. Aussi était-il, après le Taciturne, un des plus zélés partisans des Etats-généraux.

Suivant Strada, plus de six mille familles, professant la réforme, s'étaient réfugiées dans cette ville sous la protection du prince d'Epinoy, et celui-ci ayant réussi à s'emparer de Condé, l'irritation du prince de Parme, successeur de Requésens, fut telle, qu'il résolut de faire le siége de *cette nouvelle Genève.*

Farnèse parut inopinément sous les murs de Tournay en octobre 1581, pendant une absence du gouverneur; mais la princesse d'Epinoy et le seigneur d'Estrelles, lieutenant du prince, dirigèrent la défense et obtinrent de la garnison des prodiges de valeur pendant les deux mois que dura ce siége mémorable. C'est à Philippine de Lalaing, qui joignait à la bravoure du guerrier le coup d'œil et les talents du capitaine, que la ville dut une capitulation honorable. Cette admirable princesse sortit de la place aux acclamations même des assiégeants. Elle se retira à Gand et avec elle disparut de Tournay la réforme qui s'y était maintenue pendant 15 années.

D'après les comptes existant aux archives de Tournay, du droit d'écart ou d'issue payé par nos ancêtres pour les biens meubles qu'ils purent emporter de leur ville natale, c'est vers 1575 qu'ils s'expatrièrent pour se réfugier quelques années après à Francfort-sur-le-Mein où une branche de la famille de Bary est restée définitivement fixée.

Jean de Bary, de Francfort-sur-le-Mein, auteur de la branche de Bâle, vint s'y établir en 1624 et l'un de ses descendants, Jacques Christophe de Bary-Mérian, se fixa à Guebwiller en 1806.

La famille de Bary s'est alliée directement, depuis le treizième siècle, aux maisons nobles suivantes :

De Cyn, de Mousteruel (Montrœul), de Bury, Oel de buef, de Caumont, de Vilers, de Maulde, de Mourcourt, l'Eschevin, de Thimougies, d'Escamaing, de la Haye, Bon Enfant, d'Espierre, des Campeaux, de Buillemont, Thiebegot, Haccart, de Thumaides, de Loyaucourt, de Clermés, de Landas, de Werquigneul, Joseph, de Courtray, de Cordes, Cocquiel dit Le Mercier, de Bertrangle, de Calonne, Lullin, Chabrey du Brassus, de Vertemate dit Werthemann, de Neufville, de Stockum, du Fay, de Forstner de Dambenoy, Ritter de Zàhony, etc.

Notre maison s'est alliée directement aussi aux familles patriciennes suivantes, qu'il convient également de citer:

Miace, Jolit, Bérenger, du Rieu, le Courtois, le Coryer, Hanoke, de Waudegnies (Wangenies), *Moriel, le Dam, de Brabant, Fachon, du Bos, Rhidon, Vandalle, Meurisse de la Havrie, Le Maire, De le Marlier, Pourier* (Pourrés), *Odolf, de Wez, Bélier, Varlot, de Zettre, Thomas* (Francfort), *de Groll, de Labers, de Mer, Vignon, Tillier, Passavant, Blondin, Bordier, Mallet, Mertens, Battier, Furstenberger, Ortmann, Frey* (Bâle), *Respinger, Bischoff, Burckhardt* (Bâle), *Schœnfeld, Sarasin, Merian, Huber* (Bâle), *Schlumberger* (Mulhouse), *Mieg* (Mieg de Bofzheim), etc.

Plusieurs de ces familles sont d'origine noble, mais elles ne peuvent aujourd'hui être citées que comme patriciennes.

N'ayant pas trouvé des preuves certaines de la noblesse d'une partie des autres, nous n'avons pas davantage pu la classer parmi les maisons nobles qui précèdent.

Nous ne saurions omettre, en terminant cette introduction, de rendre un hommage d'affectueuse estime aux recherches si consciencieuses de notre regretté oncle Frédéric de Bary, sur l'histoire de notre famille, recherches qui nous ont guidé et soutenu au début de nos travaux.

Guebwiller, en mars 1877.

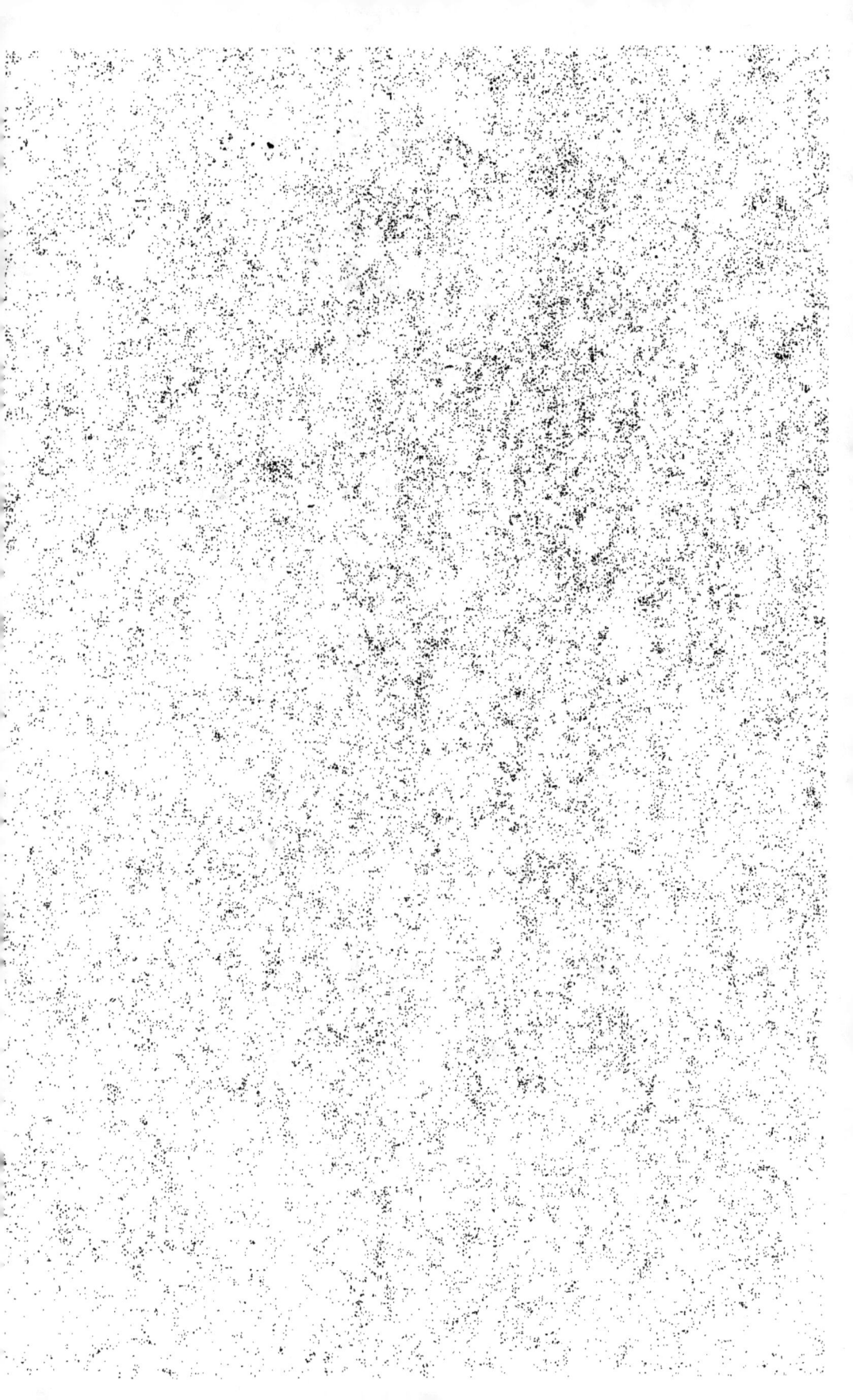

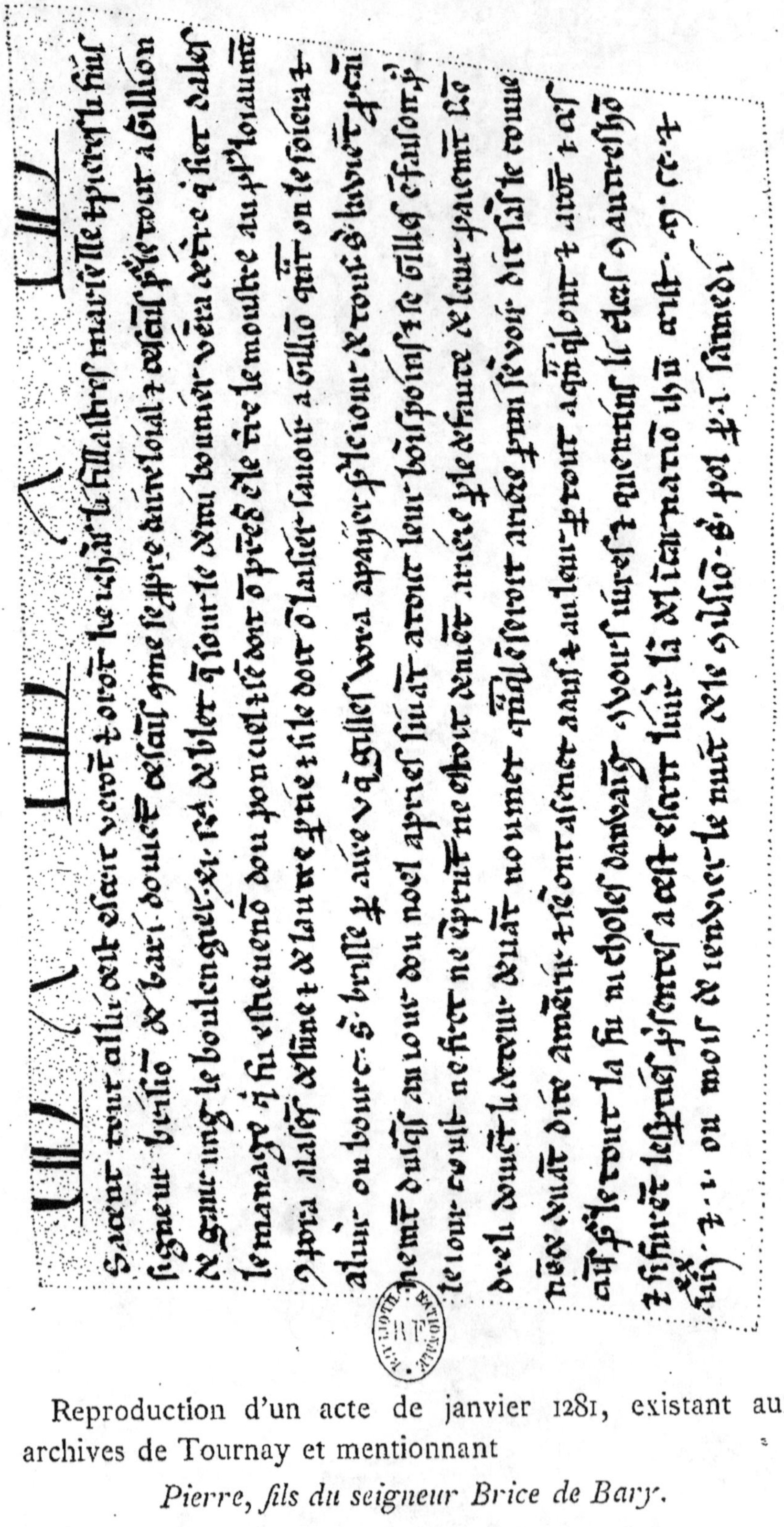

Reproduction d'un acte de janvier 1281, existant aux archives de Tournay et mentionnant

Pierre, fils du seigneur Brice de Bary.

GÉNÉALOGIE.

I. BRICE DE BARY, CHEVALIER, SEIGNEUR DE BARY, village du doyenné de St.-Brice à Tournay et de la châtellenie de Leuze, fut un des chevaliers les plus célèbres de la 3e croisade.

Il partit pour la Terre Sainte avec son châtelain, l'illustre Jacques d'Avesnes, châtelain de Leuze, dont il fut le compagnon fidèle dans les combats contre Saladin.

Il était avec Jacques d'Avesnes quand ce héros chrétien fut tué à la célèbre bataille d'Asor, et il fit les plus grands efforts pour le défendre.

Témoin du dévouement et du courage de Brice de Bary, Richard Cœur de Lion l'attacha à son service et le créa son chambellan.

C'est lui que Roger de Hoveden désigne sous le nom de BRICIUS CAMERARIUS 1).

Les annales de Roger de Hoveden nous apprennent en effet que Brice le chambellan fut envoyé par Richard Cœur de Lion en 1198 avec les évêques de Durham, d'Ely, d'Anjou et d'Evreux, ainsi que Baudouin de Béthune, le comte d'Aumale, Guillaume de Pratelles et Guillaume de l'Estang à Cologne, pour le représenter à l'élection du successeur de l'empereur Frédéric Barberousse, qui fut Othon de Bavière, battu en 1214 à Bouvines par Philippe Auguste, roi de France.

Le chevalier Brice de Bary, seigneur dudit lieu, qui se distingua à la bataille d'Asor (Césarée), qui eut lieu le 7

1) Renseignements fournis en février 1875 par M. B.-C. du Mortier, qui les avait puisés dans un ancien manuscrit.

septembre 1191, ne doit pas être confondu avec le fameux chevalier Guillaume des Barres, seigneur d'Oissery, qui prit également part à la 3e croisade comme vassal de la couronne de France et s'illustra à Bouvines 1).

Brice de Bary 2), chevalier et chambellan de Richard Cœur de Lion, conserva la faveur royale après la mort de ce souverain anglais ; car en :

1199, le 23 août, Bricius camerarius est cité comme témoin dans une charte octroyée par le roi Jean (dit sans Terre, † 1216) à Hughes Oisel ;

1200, le 6 février, Bricius camerarius fut nommé connétable de Pont Orson (près Avranches, en Normandie) ;

1202, le 31 août, Bricius camerarius fut nommé sénéchal d'Anjou ;

1202, mars, Bricius camerarius reçut du roi Jean 100 marcs à titre de gratification ;

1203, les 27 septembre et 28 octobre, les châteaux de Moreton et de Tenereuchebray furent remis par le roi Jean à Bricius camerarius ;

1203, le 27 novembre, Bricius camerarius est chargé de la garde *(had a grant of the custody of)* d'Emma de Vitré (Vitré, ville de Bretagne, près Rennes) ;

1204, le 11 mars, Bricius camerarius reçut des lettres de protection du roi Jean 3).

1) Les des Barres, originaires de Bries et du Gatinais, portaient : Losangé d'or et de gueules (Armorial de Gilles Le Bouvier, dit Berry, 1450).

2) Au magnifique cortége historique de Tournay, du 19 septembre 1875, le chevalier Brice de Bary figura sur le char des célébrités tournaisiennes. L'auteur de cette notice et Madame Alfred de Bary se rendirent à cette occasion à Tournay, où M. B.-C. du Mortier leur fit les honneurs de son admirable galerie de tableaux de maîtres anciens et où M. le baron de Rasse, ancien bourgmestre et sénateur, et sa famille les accueillirent avec la plus exquise cordialité.

3) Renseignements fournis en octobre 1875 par Sir J. Duffus Hardy, directeur du *Public record office* à Londres.

Dans ses annales, d'Oudegherst dit que pendant la trève conclue en 1186 entre Philippe, comte de Flandre et Baudouin, comte de Hainaut, ces princes se rencontrèrent pour tâcher de se mettre d'accord, mais se séparèrent mécontents l'un de l'autre « dont on imputait la cause principale et coulpe « à Jacques d'Avesnes, contre lequel pourtant le comte « Baudouin de Hainaut se mist l'an ensuyvant en armes, et « gasta toutes les terres d'iceluy Jacques d'Avesnes. D'autre « côté la trefve que dessus prinse entre le roi de France et « le comte Philippe expirée, chascun d'eux respectivement « se remist aux champs avec la plus grande puissance et « armée ».

Le trouvère Philippe Mouskés, qui composa sa fameuse chronique en vers 50 ans environ après cet événement, y dit (vers 19,290 à 19,295):

Cis quens Bauduins emprist gierre
Apriès I petit, sor la tierre
Celui d'Avesnes Jakemon,
A Leuze en Braibant, ce dist-on;
Et cil de Tornai qui l'amoient
Leuze del tout li garnisoient.

Cela signifie que le comte de Hainaut fit la guerre à Jacques d'Avesnes, seigneur de Leuze, Condé, Landrecies et Avesnes, son parent et le plus puissant de ses vassaux, qui s'était révolté, et qu'il alla l'attaquer à Leuze en Brabant; mais que le peuple de Tournay, favorable à la cause de Jacques d'Avesnes, défendit cette petite ville contre les troupes de son ennemi le comte Baudouin. Ce prince, ayant reconnu qu'il ne disposait pas de forces suffisantes pour faire façon de la trop puissante cité, qui bravait son autorité quoiqu'elle fût sa vassale, se décida à en céder la suzeraineté à son gendre Philippe Auguste qui, par son ascendant, fit bien facilement abandonner par les Tournaisiens le parti de Jacques d'Avesnes.

Ne serait-ce pas alors que le château de Bary, dont le seigneur resta le fidèle homme lige du châtelain de Leuze, fut détruit de telle manière qu'il n'en est plus fait mention depuis dans l'histoire de Tournay ?

Jacques d'Avesnes, suivant le chroniqueur Richard de Devizes, arriva en 1189 à Acre, où il fit dresser son camp près des Templiers, paraissant venir rejoindre le roi Richard d'Angleterre comme un seigneur en dépendant directement.

Roger de Hoveden raconte que Jacques d'Avesnes aborda à Acre le même jour que Robert comte de Dreux, l'évêque Philippe de Beauvais, son frère, le comte Evrard de Braines, avec le landgrave d'Allemagne, ce dont le roi d'Angleterre et tout son entourage se réjouirent grandement.

Les chirographes du 13e siècle, existant aux archives de Tournay, nous font connaître d'une manière assez positive les premiers descendants du chevalier et chambellan Brice de Bary, qui paraît avoir quitté l'Angleterre en 1204 pour retourner vivre dans ses terres situées près de cette ville.

Rappelons ici que c'est à cette époque que les gentilshommes, appartenant à la simple noblesse, trouvèrent convenance à se faire recevoir bourgeois des villes puissantes comme l'était Tournay, s'assurant ainsi une protection efficace dans les temps de troubles alors si fréquents.

Brice de Bary avait épousé la fille d'un riche Tournaisien, nommée BÉATRIX, dont il eut 6 fils :

1. N. DE BARY, seigneur de Bary,
2. GÉRARD DE BARY,
3. WERI DE BARY,
4. ROBERT DE BARY,
5. GOÇART DE BARY,
6. MICHEL DE BARY,

qui suivent.

Le prénom de l'aîné nous est inconnu, mais nous connaissons celui de son fils :

1. BRICE II DE BARY, SEIGNEUR DE BARY, qui est cité à Tournay dans l'acte reproduit ci-avant et donc la teneur suit :

1281. *Sacent tout cil ki cest escrit veront et oront, ke Jehans li fillastres Marselle et Pières li fius Signeur Brision de Bari doivent cescuns comme se propre daite loial et cescuns pour le tout à Gillion de Gauraing le boulengier, xj rasières de blet qui sour le demi bounier venra de tière qui siet dales manage qui fu Estiévenon dou Ponciel. Et se doit-on prendre en le tière le moustre au plus loiaument que pora al assens de l'une et de l'autre partie et si le doit-on laisier savoir à Gillion quant on le soiera et à livrer ou bourc S. Brisse par aire où que Gilles vora à payer pour le jour de tous S. ki vient procainement dusques au jour dou Noël apriès suiant, à tout leur boins poins et se Gilles en faisoit pour le jour coust ne fret ne emprunt ne estoit denient arière par le défaute de leur paiement, rendre li doivent li deteur devant noumet quan quil seroit arière parmi sen voir dit, sans le convenence devant dite ameurir, et se ont asenet à aus et au leur par tout à quan quil ont et aront et cescuns pour le tout. Là fu Nicholes d'Anvaing com voirs jurés et Quentins li clers com autres hom, et si furent les parties présentes à cest escrit livrer l'an del incarnation Jhésu Crist m. cc. et iiij^xx et j, ou mois de jenvier, le nuit de le conversion S. Pol, par j samedi.*

PIERRE DE BARY, fils de Brice, est cité en 1282 avec *Cholars de Bari li fius laignelaite* (Nicolas de Bary, fils d'une D^lle Aignelet) comme vendant six rasières d'avoine à Jehan de Courcièles.

PIERON BRISSE de BARI achète en 1300 une maison près Morielporte à Tournay.

Jean *li fillastres Marselle* signifie Jean, le beau-fils de Wiart de Bary dit Marselle, car nous trouvons en août 1281 la mention que *Gilles li Barons doit à Wiart de Bari qu'on dit Marselle, 23 S. 6 d. tournois.*

2. GÉRARD DE BARY est cité dans un chirographe de 1250 comme habitant le quartier des Chaufours à St.-Brice.

Suivant un chirographe de 1253, *Monnars li Kevaus doit à Ghéroul de Bari c. s. de blans et de flamens.*

E 1259, *Gherars de Bari* est cité avec Gossuin de Veson comme devant 27 L. tournois à Wicart de Maubrai.

Gérard de Bary fut marié à CLÉMENCE DE CYN (ou Syn) fille de Hellin de Mortagne dit de Syn et de Clémence d'Armentières, fille et héritière de Reignier, seigneur d'Armentières 1).

Hellin de Mortagne dit de Syn, en 1226 bailli de la châtellenie de Tournay, était le deuxième fils de Baudouin, VIIIe châtelain de Tournay et sire de Mortagne et de Helvide de Wavrin, fille de Hellin, seigneur de Wavrin, sénéchal de Flandre vers 1180. (Poutrain.)

Hellin de Mortagne de Syn et Clémence d'Armentières eurent trois enfants:

1. Hellin, qui devint seigneur d'Armentières par sa mère et figure dans Poutrain comme marié en 1262 à Béatrix.
2. Clémence de Syn, mariée à Gérard de Bary.
3. Jean de Sin ou Syn, chevalier, cité à Tournay en 1273.

Gérard de Bary et Clémence de Cyn se ravestirent 2) en 1251 et 1260; ils ne laissèrent donc pas d'enfants.

1) Un Arnoul d'Armentières est cité par Henry de Valenciennes comme se trouvant avec Arnoul de Vilers parmi les chevaliers de l'empereur Henry de Constantinople en 1208.

2) Se ravestir, signifie se faire une donation mutuelle.

Les de Cyn portaient: *De gueules à un cigne d'argent, becqué et membré de sable.* (Gilles le Bouvier dit Berry, roy d'armes de Charles VII.)

3. WERI DE BARY cité dans un chirographe de 1251 comme ayant une fille mariée à JEAN DE MONTRŒUL.

Cet acte porte que *Segars Grisiaus de le Masure aghata bien et loiaument à Jehan de Mousteruel ki eut le fille Weri de Bari en se veuet, la maison ki celui Jehan estoit en glategm* (à Tournay).

4. ROBERT DE BARY est cité dans l'acte suivant de 1254:

Cou sacent cil ki cest escrit veront et oront, que Henris de Ghisengnies et Watiers Del annoit 1) *et Jehans de Ghisengnies et Mahius Del annoit et Robiers de Bari et Jehans Hanike doivent à Jakemon de S. Quentin IX muis IIIJ R mains, moitiet blet, moitiet avaine, à paier à le Toussains ki vient procaine et de ceste Toussains ki vient en un an autant et à l'autre Toussains apriès suiant autant, tant kil aient paiet XXVJ muis et de teil grain ki vient de le Warison de Bari et de Bariseul, et pleige en est Mikius Warisons. Là fu cum aine Jakemés de Vilers et Robiers Clémens, et cumme tesmoing Ansials de Velvaing et Jakemés Dolsamis et Gérars de Vaus. Cou fu fait en l'an del incarnation M. CC. et LIIII, el mois d'aoust.*

M. A. G. Chotin (études étymologiques et archéologiques sur les villes, bourgs, villages, etc. du Hainaut) nous apprend que Ghissegnies était une ancienne seigneurie sur le territoire de Bary et que Bariseul signifie petit Bary.

On remarquera plus loin, qu'un Jean Hanoque, clerc, épousa avant 1316 Agnès de Bary.

1) Un *Hanike de Lausnoit* est cité en 1264 comme paroissien de Bary; il portait suivant Bozière *D'hermine à la croix de....*

5. GOÇART DE BARY qui mourut avant 1264, fut marié deux fois. De sa première femme il eut 2 fils: Gérard et Thomas; de la seconde, nommée AGNÈS, aussi 2 fils: Jean et Lubin.

Un chirographe de Mars 1264 est ainsi conçu: *Sacent tout cil ki cest escrit veront et oront, ke Agniès ki fu femme Goçart de Bari, Jehans et Libins si doi fil et Grous de Bari, ses fillastres, doivent à Jehan de le Muele IIJ R d'avaine etc.*

Goçard de Bary laissa donc 4 fils:

1. GÉRARD DE BARY, VOIR-JURÉ en 1260-63, JURÉ en 1280 1), ÉCHEVIN DE ST.-BRICE en 1283.

Il est cité dans plusieurs chirographes de 1260 à 1284, comme possédant des maisons en Glategni et rue Aubegni et faisant de nombreux prêts d'argent à des bourgeois de Tournay.

En 1264, par contre, Gérard de Bary et Jean de Beaufosset figurent dans un acte comme bourgeois de Tournay, débiteurs d'un bourgeois de Valenciennes.

Gérard de Bary fut marié deux fois. Il eut de sa première femme: Jacques, Jeanne et N. de Bary, et de sa seconde femme, DAME LUSAIN: Thierry, Jeanne et N. de Bary.

En 1286, *Ghérart de Bari et Dame Lusain* sa femme, sont cités comme décédés.

A. JACQUES DE BARY, † 1311, marié 1° à ISABELLE DE COURTOISE † av. 1293, dont 4 enfants:

a. Jean de Bary, marié av. 1333 à Isabelle l'Eschevine, veuve de N. le Galois.

Les armes des L'Eschevin: *D'azur à 3 léopards passants d'or l'un sur l'autre,* figurent sur la torche des damoiseaux de Tournay, conservée au trésor de la cathédrale.

1) Voir aux appendices la liste des prévôts et jurés de Tournay nommés à la Ste-Luce 1280 et l'attestation de M. B. C. du Mortier à ce sujet.

Jean de Bary et Isabelle l'Eschevine, sa femme, eurent 2 fils:

1. Jean de Bary 1), reçu bourgeois de Tournay en 1343; cité en 1349 avec Jean du Mortier, en 1351 et 1354 avec son frère Alard comme habitant la Neuve-rue.

2. Alard de Bary, reçu bourgeois en 1350, éwardeur à St.-Pierre en 1364 et 1365. Marié en 1348 à Maigne de Thumaides, fille de Nicolas de Thumaides.

Parmi les nobles qui moururent en 1191 à la 3e croisade, Gilbert de Mons cite Ivo de Tumaïdis.

b. Gilles de Bary, juré en 1322, 1325 et 1328.

En décembre 1313, *Gilles de Bari, fils de Jakemon,* donne à cense à Gérard Baudoul *toute la tière entirement ke Jakemés de Bari, pères celui Gillion tenoit et avoit en le porosse de Bari.*

c. Marie de Bary, citée en 1293 et 1309 comme fille de Jacques.

d. Marguerite de Bary, citée en 1293 et 1299, cette dernière année avec sa belle-mère Marie.

JACQUES DE BARY, fils de Gérard, fut marié 2° à AGNÈS JOLIT, et 3° à MARIE DE TYMOUGIES, sœur de Hubert de Tymougies.

Ce dernier est cité en 1305 avec son beau-frère *Jakemon de Bari,* auquel il vend une rente 2).

La seigneurie de Tymougies appartint sous Louis XIV à Claude Bonnet, seigneur de Tymougies, conseiller-secrétaire maison couronne de France.

Jacques de Bary est cité dans les chirographes de Tournay en

1264 comme vendant *300 fassiaus du bosc de Bari;*

1) Jean et Alard, fils de Jean de Bary et de Isabelle l'Eschevine, ne doivent pas être confondus avec Alard, † vers 1349, et Jean, fils de Jean de Bary, clerc, et de Marguerite Florine, que l'on trouvera plus loin.

2) Jean de Tymougies, probablement fils de Hubert, est cité en 1303 avec Gilles de Bary, fils de Jacques.

1266 comme vendant le blé de ses terres;

1269 comme créancier de *Géris de Bariseul et de Watier del Ausnoit* (de Lausnoit);

1277 comme créancier de *Gilles Paiens et de Jehan li Noiriers*;

1306 comme achetant avec Arnould, fils de Pierre le Muisit, un bonnier et trois verges de pré gisant sur les folais, à Tournay.

B. JEANNE DE BARY, citée en 1312.

C. N. DE BARY, mariée avant 1287 à JEAN DE BURY, de Bary, portant: *De sinople à un hibou d'argent.* (Bozière.)

En 1276, Adam de Bury assiste au jugement rendu par la comtesse Mathilde de Hainaut contre Michel de la Deule 1). (Bozière.)

D. THIERRY DE BARY, cité en 1291 comme fils de feu Gérard et vendeur d'une rente à Jean le Louchier.

En 1292, Thierry de Bary vend *200 fassiaus* du bois de Bary et en 1293, il vend 6 rasières d'avoine.

En 1309, Thierry de Bary achète rue de Marvis la maison de Gilles et Marie de Bary, enfants de Jacques.

Thierry de Bary eut 3 enfants:

a. Lothaire de Bary, cité en 1315 comme fils de Thierry. Il fut MAYEUR DES ÉCHEVINS DE ST.-BRICE en 1320, 1321, 1324 et 1326.

Lotaire de Bary fut marié 1° à Catherine Marlarde; 2° à Agnès.

Il est cité dans son testament de 1342 comme *le borgne* et en 1349 comme l'aveugle.

Son fils Lothaire de Bary, reçu bourgeois de Tournay en 1342 comme *fius Lotart de Bari con dist le borgne*, épousa en 1353 Maigne le Dam, fille de Jacques le Dam.

1) Suivant acte de novembre 1294, *Jehans de le Moiturie, de Bari, Aélis de Bari sen ante* (*sa tante*) *et Jehans Buris, de Bari, doivent à Pieron de Buri douze rasières de blé.*

Dans le contrat de mariage du 8 juin 1353 entre *Lotart de Bari et Damoiselle Maigne le Dam, fille de Jacquemon*, on voit qu'en cas de décès de l'époux sans enfant, ses héritiers auront son cheval, toutes ses armures, tous ses draps, etc.

b. Isabeau de Bary.

c. Gilles de Bary, juré de Tournay de 1322 à 1328, est cité en 1310 et 1312 comme fils de Thierry et propriétaire de 3 maisons en le Rihagne et la rue Cambronciel.

E. JEANNE DE BARY, citée en 1286 comme béguine, fille de feu *Ghérart et de Dame Lusain.*

F. N. DE BARY, mariée à JEAN MIACE, échevin de Tournay en 1286, dont un fils, Jacques Miace, cité en 1283 avec Thierry et Jacques de Bary.

2. THOMAS DE BARY, cité en:

1278 comme vendant des fassiaus du bois de Bary à Jean de Bury (de Bary, gendre de Gérard de Bary);

1280 comme vendant du blé de la terre de Bary 1); et achetant de Gérard de Ronchin une maison en le Rihagne;

1287 comme créancier de *Jakemés de le Mote, fius Geri dou Bariseul;*

1290 comme vendant 5 rasières de blé à Jean de Courcelles et 25 rasières à Gossuin le Dam, de Pipaix.

Thomas de Bary, décédé vers 1292, avait épousé ISABELLE DE CAUVEMONT ou CAUMONT, sœur de Nicolas de Caumont. Ils eurent 5 enfants.

En 1293 *Ysabiaus*, veuve de Thomas de Bary, vend une maison en le Rihagne à St.-Brice.

1) Suivant chirographe de février 1280, *Thumas de Bari doit à Jakemon Makeriel 3 rasières de blet tel que de le disme de Bari.*

Les *Makeriel, Maqueriaus* ou *Maquereau* que l'on retrouve à Tournay, avaient figuré à la 4e croisade en la personne d'Alard Maquereau qui fut député avec Conon de Béthune à Venise par le comte Baudouin de Hainaut et de Flandre en 1200.

En 1297 la veuve de Thomas de Bary est citée dans le testament d'Agnès Jolit, femme de Jacques de Bary (neveu de Thomas de Bary).

A. ADAM DE BARY, cité en :

1287 avec sa femme ISABEAU comme *Adans de Bari de Bertaincrois* (Bertincroix, aujourd'hui hameau près Vezon en Hainaut);

1290 avec *Mathius de Bari* comme *Adans de Bertaincrois ki maint à Bari;*

1303 avec Mathius de Galais (Gallaix) comme *Adans de Bari frère de Colars* (Nicolas).

B. NICOLAS DE BARY, DIT DE CAUMONT 1), cité en 1292 comme fils de feu Thomas et d'Isabeau de Caumont.

Par son testament de juin 1305, *Jehan Berenghier, époux de Dame Ysabiel,* ordonne de restituer à Nicolas de Bary *con dist de Caumont pour l. 3. 5.*

C. CATHERINE DE BARY, citée en 1290 comme mariée à GILLES DE VILERS, probablement fils de Jacques de Vilers, échevin de St.-Brice en 1251 et 1254, voir-juré en 1264.

Ce Jacques de Vilers était probablement fils de Alexandre de Vilers qui suivit en 1203 Baudouin VI, comte de Hainaut et de Flandre, à la croisade 2).

Alexandre de Vilers était fils de Polius de Vilers, chevalier

1) Caumont est aujourd'hui un hameau dépendant de la commune de Gallaix dans l'arrondissement de Tournay. (Chotin.)

2) Parmi les chevaliers croisés qui vinrent en 1202 d'Allemagne rejoindre le comte Baudouin de Hainaut et de Flandre à Venise, Ville-Hardouin nomme Alexandre de Vilers et Thierry de Loos.

Ce dernier devint en 1206 sénéchal de l'empereur Henry, successeur au trône de Constantinople de son frère l'empereur Baudouin.

Vilain de Loos, frère de Thierry, fut tué en 1206 à la Rousse.

Nous ne savons si Pierre de Loos, père de Catherine de Loos, mariée vers 1540 à Quintin de Bary (fils de Jacques et de Marie Joseph), descendait de l'un de ces frères croisés ou était de leur race.

Outre Alexandre et Arnoul de Vilers, Ville-Hardouin cite en 1204 un Jean de Vilers.

de Baudouin V de Hainaut de 1172 à 1195. (Gilbert de Mons, chronique du Hainaut.)

Gilles de Vilers est cité en 1294 avec sa belle-mère Isabeau, veuve de Thomas de Bary.

D. ALICE DE BARY, mariée 1° à ALARD, 2° à JACQUES LE CORYER.

E. YDE DE BARY, citée en 1325 dans le testament de sa sœur *Alys de Bary*, ainsi que Nicolas, leur frère, Catherine, leur sœur et *Menantin de Caumont* (leur cousine ?).

3. JEAN DE BARY, surnommé *des Caufours* parce qu'il habitait le quartier des Chaufours à St.-Brice 1).

Il mourut avant 1319, marié à JEANNE.

Celle-ci se remaria avant 1339 à Pierre du Mortier, conseiller de Tournay 2).

Jean de Bary des Chaufours laissa de Jeanne, sa femme, 4 enfants :

A. MARIE DE BARY, mariée avant 1300 à JEAN DE MAULDE † av. 1313, puis à NICOLAS DE FIERNET 3).

La noble maison des sires de Maulde (près Bary) portait : *D'or à la bande de sable frettée d'argent.* — Cri d'armes : *Ligne.* — Ils étaient issus de Gauthier de Ligne, troisième fils du seigneur de Ligne en 1060 ; Gauthier eut la terre de Maulde en Hainaut, dont il prit le nom. Il garda le cri de

1) Suivant acte du 10 août 1290, *Michel Sarrasin doit à Jehan Bari un cent de raime provenant du bois de Lohegnies et du bois de Bari.*

2) Nous avons vu figurer un du Mortier au tournoi de 1331 à Tournay.

Sire Mathieu du Mortier, mayeur des échevins en 1395 et prévôt de Tournay, † 1432, fut marié à Catherine Bourgeois (D'azur à 3 annelets de gueules).

Parmi les damoiseaux tournaisiens se trouvèrent Jérôme du Mortier en 1439 et Louis du Mortier en 1456.

Sire Jacques du Mortier, † 1435, fut prévôt de Tournay.

3) Nicolas de Fiernet et Marie de Bary, sa femme, laissèrent une fille Alice de Fiernet, citée en 1353 comme suit :

Jehan Thumas mari de *Jehane de Bari* (lisez de Maulde), *suer Aelis de Fiernet ki fu femme Lotart Puignait dit de le Tourbe.*

la souche d'où il sortait ainsi que les armoiries, changeant toutefois l'émail de la bande pour brisure. (Bozière, armorial de Tournay et Tournaisis.)

En 1203, un Gauthier de Maulde part pour la croisade avec Baudouin VI, comte de Hainaut et de Flandre.

Jean de Maulde et Marie de Bary, sa femme, eurent 3 filles : Marie, Jeanne et Isabelle de Maulde, citées en 1313 comme majeures.

B. JEAN DE BARY, cité comme *le jeune* en 1299 lors de l'achat qu'il fit de *Baudoin de Bousut* d'une maison située en la rue St.-Jean *as Caufours*, tenant à l'héritage *Jehan Bari le père.*

En 1313 il achète de ses nièces, Marie, Jeanne et Isabelle de Maulde, une maison aux Chaufours.

C. JACQUES DE BARY, cité en :

1319 comme fils de feu Jehan ;

1337 comme frère de Jean, auquel il vend son droit sur leurs héritages aux Chaufours ;

1341 comme frère de Gérard de Bary.

Il fut reçu bourgeois de Tournay cette dernière année.

D. GÉRARD DE BARY, cité en 1327 avec Pierre du Mortier (son beau-père) et Jean de Bary, son frère, et en 1345 comme propriétaire d'une maison *as Caufours.*

Ces trois frères, fils de Jean de Bary des Chaufours, paraissent ne s'être pas mariés.

4. LUBIN DE BARY, cité en 1264 comme fils de feu Goçart et de sa veuve Agnès.

6. MICHEL DE BARY, qui suit.

Tandis que le fils aîné du chevalier Brice de Bary avait hérité de la seigneurie de Bary, dont son fils Brice II de Bary était le titulaire en 1281 et que Gérard, Robert et Goçart de Bary vivaient des revenus de cette seigneurie, qu'ils partageaient avec le chef de leur maison, leur plus jeune frère, Michel de Bary, paraît avoir hérité des propriétés situées dans les communes environnantes, telles que Havines, Ramecroix et Warchin, ainsi que des hôtels sis à Tournay.

La descendance de Michel est la seule dont nous ayons pu suivre la trace d'une manière positive et l'on remarquera que les mêmes propriétés, gérées avec entendement, se retrouvent dans les mains de nos ancêtres directs pendant l'espace de trois siècles, ce qui leur a permis de vouer leur temps à la chose publique, ainsi qu'il convenait alors à des gentilshommes, bourgeois d'une grande et libre cité.

II. MICHEL DE BARY (Ier du nom).

Voir-Juré de Tournay en 1245, 1253 et 1260, mort vers 1267.

Il ne sera pas sans intérêt de donner ici copie d'un acte de 1223, existant aux archives de Tournay et suivant lequel Michel de Bary, bourgeois de cette ville, qui habitait le Rihagne à St.-Brice où il possédait une maison, vend deux hostels à lui donnés par sa mère Béatrix :

Ce sacent cil ki sunt et ki avenir sunt et cest escrit veront, que Jo Mikiols de Bari, borgois de Tornai, ai vendu Teri Hagnecagne II hosteus que Bietris, me mère, me dona en le Rihagne. Se li doi aquiter al assens des eschievins. Si len ai doné en wages del aquiter me maison en le Rihagne. Et por co que cis vendages soit estaules, ne por alongement de tans ne puist mis mesentendre ne forwier les eschevins, sin fu faite cartre et livrée en la main des eschievins, si com Jehan Dalagn, Nicholon le Borgne, Briction de le Bruière, Huon le Fort, Wibier de Morielporte, Bauduin de le Porte et Grigorie de Maude, l'an del incarnation M. CC. et XXIII, le jor del ascension.

Michel de Bary eut un fils qui suit :

III. MICHEL DE BARY (IIe du nom).

Mort vers 1283.

Il est cité de 1259 à 1266, c'est-à-dire du vivant de son père, comme *le jeune*.

Michel de Bary le jeune est cité dans les chirographes de Tournay en :

1259 comme créancier de Hues de Bierclers ;

1261 comme achetant de Jean de Beaufosset, fils de Thierry, une partie de maison en le Rihagne ;

1263 comme créancier de Watier de Lescluse, Thierry de Lausnoit, Gilles de Melles et Mathieu de Tourp 1) ;

1266 comme achetant une rente due par la maison de Baudouin de St.-Brice à Havines (commune près de Bary).

Michel de Bary est de plus cité en :

1268 comme vendant à Hues de Bierclers une maison en le Rihagne, tenant à sa maison et ayant appartenu à Grégoire de Maulde ;

1271 comme vendant à Jacques Vilain de Brussegnies sa maison en le Rihagne ;

1277 comme achetant de Jean Losquegneu une maison, rue de Marvis ;

1278 comme vendant à Jacques de Bertincroix trois quartiers de blé à Havines.

Michel de Bary fut marié à AGNÈS 2), dont il eut une

1) Un autre chirographe de 1263 (mars) nous représente *Mikiel de Bari le jovene* comme créancier de *Gilles de Trimont, Colart de le Kapielle et Jakemés d'Anvaing.*

2) Nous supposons que la femme de Michel II de Bary était issue de la famille à le Take qui s'est illustrée à Tournay au 13e siècle par ses bonnes œuvres et notamment par la fondation en 1233 de la célèbre abbaye du Saulchoir.

En 1331, nous voyons vendre par Thomas de Lille, mari de Demoiselle Catherine à le Take, à Jehan Bérenger, clerc, pour les enfants qu'il a et aura de Agnès de Bary, sa femme, «la part» que ledit Thomas de Lille et sa femme ont en une maison située rue de Marvis.

fille, mariée à Pierre Pauwe, et un fils, Jacques de Bary, qui suit.

Dame Anniès de Bari est citée en 1287 comme mère de *Jakemés de Bari ki fu fius Mikiel de Bari*, comme belle-mère de *Pières Pauwe ki le suer celui Jakemon a à femme*, comme remariée à Jehan Plouvaut et comme propriétaire de un et demi bonnier à Havines.

IV. JACQUES DE BARY (Ier du nom en ligne directe).

Mort avant avril 1316.

Il fut, en même temps que Jacques de Bertincroix, *échevin de St.-Brice* avant 1303.

Il est cité dans les chirographes de Tournay en :

1281 comme fils de Michel de Bary et acheteur d'une maison située devant la porte de Marvis ;

1284 comme créancier de *Jehan dou Puc* (du Puch) 1) ;

1286 comme fils de feu Michel et habitant rue de Marvis ;

Or, Agnès de Bary était la petite-fille de Agnès, femme de Michel II de Bary.

A le Take portait *d'or à l'aigle de sable.*

Henri *Taket* signe en qualité de magistrat de Tournay une charte en 1198. « Dame Odilien » veuve de Henri à le Take est citée en 1252.

Ils eurent 5 enfants :

1. Wautes à le Take cité 1252.

2. Marote à le Take, citée en 1274 comme suit : *Dame Marote fille Dame Odie à le Take, Demisielle Anniès li suer Dame Marotin devant ditte, Jakemès de le Vigne, barons de leur serœur, ont werpit à Dame Odie à le Take leur mère etc.*

3. Agnès à le Take, mariée vraisemblablement 1° à Michel de Bary, 2° à Jehan Plouvaut en 1287, 3° à Alard de la Motte.

4. N. à le Take, mariée av. 1274 à Jacques de le Vingne (d'argent au sautoir de gueules) d'une noble maison apparentée aux Radou, châtelains de Tournay.

5. Gosse à le Take, chanoine de Tournay en 1265.

1) On remarquera que Brice de Bary, petit-fils de Jacques, fils de Michel de Bary, est cité en 1364 comme créancier d'un Jean du Puch.

1287 comme fils de feu Michel et débiteur de Jacques de Veson;

1290 comme créancier de Jehan le Bestiaus, de Ramecroix;

1300 comme vendant une maison sise sur le Marvis devant Labliel;

1301 comme achetant une maison située « as Abliaus »;

1305 comme vendant une pièce de terre à Rumegnies.

Dans un acte de 1305, on voit que Gilbert de Courtray convient avec Jacques de Bary qu'il fera et ordonnera une tombe pour Monseigneur le doyen à l'entrée de Notre-Dame de Tournay et une autre tombe semblable à celles des abbés de St.-Martin 1).

En mars 1305, Jacques de Bary, fils de feu Michel, *donne à rente à Roger de Warchin 14 bonniers et demi et 41 verges de terre, le tout situé à Warchin* 2), *au lieu qu'on dit le trau Biertrain.*

En octobre 1306, Jacques de Bary, fils de feu Michel, vend huit et demi bonniers de terre gisant sur le chemin de Havines, se réservant pour lui et son hoir une rente héritière de 15 livres tournois.

Suivant deux actes de mai 1282:

Mikius de Bari donne en mariage à Jakemon, son fils, avec Anniès, fille de Jehan Oel de buef, une maison en la rue de Marvis.

Jehan Oel de buef donne en mariage à Anniès, sa fille,

1) Nous n'avons pu trouver à quel titre un membre de l'illustre maison des châtelains de Courtray convient avec notre ancêtre qu'il ordonnera les deux tombes en question.

2) Suivant un acte d'août 1304, *Agnès à le Take, femme jadis Allard de le Motte, vend à Jakemon de Bary 26 bonniers et demi de terre gisant à Warchin.*

Agnès à le Take testa an 1313 comme *fille jadis segneur Henri Aletake et femme Alart de le Motte.*

Cette Agnès à le Take ne serait-elle pas la mère de Jacques de Bary, ainsi que nous en avons fait la supposition plus haut?

avec Jakemon, le fils Mikiel de Bari, un bonnier de terre à Rongy, etc.

Suivant un acte de janvier 1316 (1317 n. st.):

Les enfants Jakemon de Bari et Anniès se femme, ki furent, et Jehans, Mikius, Jakemés leurs trois fils et Jehans Bierenghiers baron (mari) *Anniès leur fille, vendent à Jakemon de Bari, leur frère, leur part en une maison située as abeliaus.*

Donc, JACQUES DE BARY et AGNÈS ŒIL DE BŒUF, sa femme, décédés avant 1316, eurent 5 enfants, sans compter une fille Catherine, religieuse.

1. JACQUES DE BARY, † avant 1345, hérita de la majeure partie des biens sis à Warchin.

En 1312, *Jakemés de Bari, jadis fius Mikiel de Bari ki fu, donne à Jakemon de Bari, sen fil, en nom de mariage, la moitié d'une rente sur quatorze et demi bonniers situés à Warchin.*

En 1314 (juillet), *Jakemon de Bari fils de Jakemon,* achète une maison *as abeliaus.*

En 1317, Jacques de Bary, fils de feu Jacques, fait saisir 15 bonniers tenus par Roger de Velaine dit de Warchin.

Suivant d'autres actes de:

1323, Jean Crueus vend à Jacques de Bary 55 S. tournois de rente sur un manoir et ses dépendances à Warchin, manoir qui avait été acquis en 1320 par ledit Jacques de Bary;

1323, *Jehan li Cantere, clerc, mari la fille Thomas de Morcourt, vend à Jakemon de Bari la tierce partie d'une rente sur le manoir Jehan Crueus à Warchin;*

1333, *Willaume de Morcourt, fils Thomas,* vend à Jacques de Bary une rente sur un *manage* à Warchin.

Jacques de Bary fut marié:

1° à MAIGNE DE MOURCOURT, fille de Thomas de Mourcourt 1) portant: *D'or au chevron de gueules acc. de 3 têtes de Mores de sable tortillées d'argent.*

2° à SAINTE . . . . , citée en 1347 comme veuve de Jacques de Bary, avec Guillaume de Mourcourt, Jean de St.-Pierre et Jacques du Haveron 2), ainsi qu'avec ses 4 enfants: Maigne, Jacques, Marguerite et Jean, et les enfants de son mari et de Maigne de Mourcourt: Lothaire et Catherine.

JACQUES DE BARY, fils aîné de Michel, eut donc 6 enfants:

A. LOTHAIRE DE BARY, reçu bourgeois de Tournay en 1322 comme fils de Jacques de Bary, *de Maude,* ce qui prouve que ce dernier était fixé dans ladite commune à cette époque.

En 1352, Lothaire de Bary achète des rentes sur des terres situées à Warchin.

En 1362, il est encore cité comme propriétaire à Allain (dans Warchin).

1) Thomas de Mourcourt, dont la famille avait pris son nom du village de Mourcourt, près Tournay, en Hainaut, eut 5 enfants:

1. Thomas de Mourcourt, cité en 1305 comme *Thumas de Morcourt le jouene, fil signeur Thumas* auquel Jean Bérenger restitue 6 livres.

2. Maigne de Mourcourt, mariée vers 1300 à Jacques de Bary.

3. Jeanne de Mourcourt }
4. Jacques de Mourcourt } cités comme mineurs en 1316.

5. Jean de Mourcourt, marié en 1335 à Maigne de Rumegnies (Rumillies en Hainaut), dont 2 enfants Jean et Marie de Mourcourt.

6. Guillaume de Mourcourt, cité à Tournay de 1316 à 48.

7. Catherine de Mourcourt.

On retrouvera plus loin un Jean de Mourcourt, cité avec Martin de Bary en 1418, prévôt en 1426, damoiseau en 1439.

2) Les du Haveron, notables tournaisiens, ne doivent pas être confondus avec les Henneron, damoiseaux de Tournay.

Jean du Haveron, avocat de la ville, se rendit en 1477 auprès de Louis XI avec sire Martin de Bary.

Lothaire de Bary était en 1338 marié à MAIGNE DE LA CHAPELLE, fille de Jacques de *Maryen le Moneresse.*

Les *de le Capièle* portaient : *D'azur au chevron d'or, acc. de 3 trèfles d'argent* 1).

B. CATHERINE DE BARY, citée en 1325 comme héritière de tous les draps laissés par Maigne de Mourcourt, sa mère.

Catherine de Bary, fille de feu Jacques, testa en décembre 1349. Elle cite ses frères Jacques, Jean et Lothaire et ses sœurs Maigne et Marguerite non mariées.

C. MAIGNE DE BARY.

D. JACQUES DE BARY.

E. MARGUERITE DE BARY.

F. JEAN DE BARY, émancipé en août 1361 ; son frère Lothaire avait eu la gestion de ses biens 2).

1) Dans les lettres testimoniales données en 1597 par les prévôts et jurés de Tournay à des membres de la famille de Bary, on voit figurer comme témoin Baudouin de la Chapelle, écuyer, seigneur de Rumillies, juré.

Suivant un chirographe de mars 1263 (archives de Tournay) :

Gilles de Trimont, Colart de le Kapielle et Jakemés d'Anvaing doivent à Mikiel de Bari le jovene 6 livres de parisis. Là fut Gerard de Bari comme voir-juré.

2) Suivant un chirographe du 28 juin 1347, les quatre mineurs de Bary, désignés comme *li enfant Saintain qu'elle eubt de Jak. de Bari, si comme Magnons, Jakemins, Margos et Hanekins* eurent pour leur part :

Les tières, rentes et hiretages chi après nommés. Premiers V quartiers de tière con dist à Brimmonskesne. — Item ont-il encore en leur parchon un manoir et IIJ bonniers de tière, pau plus pau moins, gissant à Warchin, tenant à l'iretage Jehan Castengne. — Item ont-il encore en leur parchon une pasture et un aunoit ensi qu'il est gissans à Poillevaque, tenant as tières Monsigneur Oston Darbre. — Item ont-il encore en leur parchon VII quartiers de tière gissant en IIIJ pièches, ès camps d'Alaing. — Item ont-il encore en leur parchon lx S tournois de rente par an et J D de cens devens à prendre et à rechevoir sour IIJ bonniers et sour un manoir qui siet sur celle miesmes tière gissans à Rumegnies etc.

Ces mineurs possédaient en outre d'autres rentes qu'il serait trop long d'énumérer ici.

2. JEAN DE BARY, *mayeur des échevins de St.-Brice et du Bruille* en 1328 et 1329, † avant juillet 1330.

En 1317, il est cité comme clerc avec son frère Michel, fils de feu Michel de Bary.

Jehan de Bari, clerc, vend en 1323 à Isabelle le Canonne une rente sur 8 bonniers à Warchin, tenant aux terres de Jacques de Bary.

Dans son testament du 15 février 1326, *Jehan de Bari, clairck,* paroissien de St.-Brice, nomme Jacques de Bary et Jacques Florins exécuteurs testamentaires et Marguerite (ou Maigne), sa femme, légataire universelle pour elle et ses enfants.

Ces Jacques de Bary et Jacques Florins étaient frère et beau-frère de Jean de Bary qui avait épousé MAIGNE (ou MARGUERITE) FLORINE, fille du damoiseau N. Florins et de Marguerite du Calloit.

Celle-ci se remaria à Evrard Baudart et, suivant leur traité de mariage en 1325, l'époux reconnaît à Jean de Bary, mari de la fille de ladite Marguerite, une rente sur une maison en le Rihagne.

Les Florins, portant : *D'azur à la croix recerclée d'or, au sautoir de gueules sur le tout* (torche des damoiseaux), s'allièrent au 14e siècle aux de Clermés en la personne de Sire Roger de Clermés, marié à Maigne Florine, † 1334, et aux d'Escamaing en la personne de Jacques d'Escamaing, † 1370, marié à N. Florine. On remarquera plus loin que ces deux nobles maisons se sont alliées à la nôtre.

Jean de Bary (fils de Jacques), qualifié de clerc, était donc un homme gradué ou du moins lettré ; il eut de Maigne Florine, sa femme, 5 enfants :

A. ALARD DE BARY, marié à MARIE PLATIELLE. Ces époux se ravestissent en 1342.

En 1345, il achète une maison *as Abeliaus* et il est cité comme hoir de feu Jean de Bary, avec Jacques Hakars

(Haccart), époux de Maigne, sœur dudit Alard, et ses frère et sœur mineurs : Jean et Catherine de Bary.

Ces héritiers de Jean de Bary vendent une rente hypothéquée sur un manoir sis à Rumegnies. — Alard de Bary mourut en 1349.

B. MAIGNE DE BARY, mariée avant 1345 à JACQUES HACCART, portant : *D'azur à la croix ancrée d'argent, cantonnée de 4 coquilles de même* 1).

C. JEAN DE BARY, cité de 1345 à 1348 et cette dernière année comme frère d'Alard.

Il fut marié à AGNÈS DE WAUDEGNIES, † av. 1376.

Le 10 juin de cette année, *Jehan de Bary, à cause de défunte Agnès de Waudegnies, jadis sa femme, vend à Colart de Tielt et à Jehan Leurench, au nom et au profit de l'exécution testamentaire de ladite défunte, toute telle part et action qu'il avait et pouvait avoir en toutes les maisons et héritages qu'iceux conjoints possédaient et qui étaient situés en l'échevinage de St.-Brice.*

1) Pierre Haccart, selon toutes probabilités petit-fils de Jacques et de Maigne de Bary, fut élu en 1410 capitaine en second des arbalétriers de Tournay et fut en 1422 « l'un des six élus. »

Jean Haccart, fils de Jean (fils de Jacques) est cité en 1420 avec Michel de Brabant comme débiteur de Jacques de Bary fils mineur de Martin I et de Madeleine de Brabant.

Jean Haccart fut prévôt de Tournay en 1428. On remarquera que le même Jacques de Bary eut pour tuteurs sire Jean Haccart et Jacques du Casteler en 1429.

En 1526, on retrouvera un Léon Haccart marié à Gertrude de Landas fille de Pierre, écuyer et de Marie de Bary.

En 1597, Jacques Haccart, écuyer, seigneur du Carnoy, dépositaire royal des baillages de Tournay et Tournaisis, déclare dans les lettres testimoniales données par les chefs de la ville, que sa famille s'est alliée à la nôtre.

Enfin, nous voyons en 1644 sire Jean Haccart, chevalier, seigneur du Ponthois, grand-prévôt de Tournay, figurer dans le testament de Pierre de Bary, paroissien de Saint-Brice, comme exécuteur testamentaire.

La commune de Wangenies, située dans l'arrondissement de Charleroi en Hainaut, s'appela autrefois Waugenies. C'est ainsi qu'il faut vraisemblablement lire le nom de la femme de Jean de Bary.

D. CATHERINE DE BARY, citée en 1346 comme sœur de Jean, fils de feu Jean, avec Alard de Bary.

En novembre 1349, *Katerine de Bari sœur qui fut Alart de Bari,* déclare acquitter tous les droit et action qu'elle peut avoir à *Jak. Hakart baron* (mari) *Maigne sa sœur en tout le fourmeture qui lui est échue de Jehan de Bari, leur père et de Alard de Bari, leur frère.*

Catherine de Bary fut mariée avant 1365 à NICOLAS COLEMACHE, ainsi que nous l'apprend le chirographe suivant:

1365, 6 janvier. Catherine de Bari, femme Colart Colemache, accorde en bail à Chrétien de Ghistielle, le court Colemache séant sur l'escaut 1).

E. BRICE DE BARY (IIIe du nom).

Suivant un acte du 23 septembre 1354, *Jehans li Jovenes, Jak. li Vilains et Willaume Prouvos doivent 35 florins appartenant aux enfants Jehan de Bari qui fut. — Brissies de Bari, fils de feu Jehan, reçut ladite somme.*

Dans un acte du 12 avril 1364 il est dit que : *Willes Cokais, Lotars Colepins et Jeans dou Puch doivent 7 florins d'or appartenant à Brissiart de Bary,* et il est ajouté en note: *Chils deniers sont payet par signeur Jehan dou Puch audit Brissiet le VIIIe jour de jullet l'an LXVJ.*

On a vu plus haut, en 1284, que Jacques de Bary (fils de Michel), grand-père de ce Brice, 3e du nom, était créancier d'un Jean du Puch. C'étaient des rentes hypothécaires qui se transmettaient de père en fils.

1) Les Colemache étaient-ils une branche de la noble famille Collemer de Tournay, qui à cette époque se trouva en rapports fréquents avec la nôtre?

Il est à remarquer que par son testament du 2 août 1337, Marguerite du Calloit, veuve d'Evrard Baudart, laisse aux enfants de sa fille Maigne (ou Marguerite), mariée à Jean de Bary : une maison située rue de Pont à St.-Brice, où ce dernier habitait, et tenant à celles de Pierre Fachon et de Pierre Bonnet ; de plus, deux maisons en le Rihagne tenant aux héritages de *Sarain dou Puch* et de *Jak. le Secleur*, etc. ; en outre, des rentes sur *la maison Sarain dou Puch*, etc.

Brice de Bary est cité en 1367 comme créancier de *Jehan de Saint-Omer, cuvelier.*

3. MICHEL DE BARY (IIIe du nom). † ap. 1343.

Il est cité en 1316 avec son frère Jean de Bary, clerc, pour lequel il fait saisir par la justice et les échevins de St.-Brice 3 bonniers de terre et tout l'héritage que Pierre du Sautoir tient séant à Rumegnies (Rumillies).

En 1343, Michel de Bary est cité comme débiteur de *Katerine, fille Aelis de Bari* (décédée) *et de Ernoul dou Ru* (du Rieu), également mort avant cette année 1).

4. CATHERINE DE BARY, religieuse.

Un acte d'octobre 1316 porte ce qui suit : *Com Jakemés de Bari li pères, en se plaine vie, donnast et otriast à Dame Katelinne, se fille, nonne en l'églyse ditte de Brayère d'Aunoy, X livres de tournois de rente par an à prendre et à rechevoir cescun an tout le cours de le vie leditte dame Katelinne sour un fief que lidis Jakemés avoit gisant à Gauraing, à savoir est que apriès chou que lidis Jakemés de Bari li pères fu alès de vie à mort, Jakemés de Bari ses fius etc.* — (Ce dernir affecte cette rente sur les 15 bonniers de terre qu'il possède à Warchin.)

5. JACQUES DE BARY, qui suit.

1) Nous avons rencontré un Nicolas du Rieu en 1287 à Tournay, et un Roger du Rieu, arbalétrier tournaisien, en 1410.

Deux familles du Rieu, portant des armoiries différentes, existaient à Tournay au 15e siècle.

6. AGNÈS DE BARY.

Elle fut mariée 1° à JEAN HANOKE, clerc, dont enfants cités en 1325 comme achetant une maison rue de Marvis. 2° en 1317 à JEAN BÉRENGER, clerc, fils de Jean 1) et de *Dame Ysabiel Mauroit.*

Les Bérenger portaient : *D'argent au rencontre de cerf de sable.*

En décembre 1331, *Thumas de Lille, mari de Dlle Katerine Aletaque, vend à Jehan Bierenghier, clerc, et pour les enfants qu'il a et ara de Anniès de Bari, sa femme, sa part qu'il a en une maison située rue de Marvis.*

V. JACQUES DE BARY (IIe du nom en ligne directe).

Mayeur des échevins de St.-Brice et du Bruille 2) en 1327; *Juré* de Tournay de 1328 à 1341.

1) Jean Bérenger avait épousé la sœur de Jean Mauroit, car suivant un acte de juin 1314 : *Lotart de Bari a rendu compte as proismes des enfans Jehan Bierenghier, si comme à Jehan Mauroit, leur oncle et à se femme, à Jehan Mauroit, fil Jehan Bierenghier, à Jehan Miace, à demisielle Jehanain leur suer, femme Rogier de Maude et pardevant meismes les IIJ enfans, si comme Jakemin, Anniès et Hanekin con dist Bierenghier, de toutes leurs rentes que lidis Lotars avoit rechutes pour aus, le tierme de IIIJ anées, dedens Tournay etc.*

Il résulte de cet acte qu'en 1314 Jean Bérenger, fils de Jean et d'Isabelle Mauroit, portait le nom de sa mère et qu'il avait 5 frères et sœurs : 1. N. Bérenger, mariée à Jean Miace, 2. Jeanne Bérenger, mariée à Roger de Maulde, 3. Jacques Bérenger, 4. Agnès Bérenger et 5. Jean Bérenger.

2) Dans les lettres testimoniales de 1563 que l'on trouvera aux appendices, Jean Liebart, premier greffier de Tournay certifie .... *que plusieurs autres dudit soubznom de Bary par lesdits anciens registres se trouvent avoir longtemps auparavant les susnommez* (Martin de Bary, mayeur en 1422, sire Martin, prévôt, son fils etc.) *estez créez en Loy, et en Estatz honnorables, lesquelz Estatz signament de Prévost d'icelle ville et de Mayeur dudit St. Brice sont les plus honnorables comme chef de chacun consistoire et ne sont accoustumez présentement d'estre exercez fors que par gentilzhommes bourgeois, vivant noblement et de leurs revenus sans exercer arts mescaniques ny négociation de marchandises.*

Nous avons vu Jacques de Bary cité avec son frère aîné Jacques et ses autres frères et sœur dans un acte de janvier 1317.

Suivant l'attestation de M. B. C. du Mortier, du 15 nov. 1874, que nous donnons également aux appendices, il fallait dès le 13e siècle à Tournay être homme de lignage et suffisant pour pouvoir occuper les charges honorables, notamment celles de juré et échevin.

La magistrature tournaisienne, déjà avant l'an 1186, se composait de trois colléges :

1° Les prévôts et jurés, chargés de la justice ;

2° Les échevins, exerçant l'administration civile ;

3° Les éwardeurs, élus annuellement par les *maistres d'hostel* des diverses paroisses pour élire à leur tour les jurés et échevins.

Les éwardeurs et les échevins nommaient leurs mayeurs (maires) en suivant un ordre de proportion par paroisse.

Les trois colléges formaient ensemble les consaux, présidés par le prévôt. C'était le corps législatif, la plus haute autorité de la ville.

Le grand-prévôt et le second prévôt portaient le titre de *sire* à vie.

Bozière (Tournay ancien et moderne, p. 307) définit comme suit la charge de prévôt :

Le premier magistrat portait le titre de grand-prévôt et était seigneur féodal de la commune. Son pouvoir s'étendait aussi sur tous les quartiers de la banlieue. A ce titre il comptait sous lui neuf juges féodaux ou hommes de fief ; de plus, ses attributions comportaient la juridiction appelée vulgairement la « Baille » pour les affaires qui ne dépassaient pas trente sous d'amende. L'un des jurés, délégué par le prévôt, composait ce petit tribunal.

Ce qui précède dit assez que les fonctions de nos bourgmestres actuels n'ont que peu de rapport avec l'autorité extraordinaire, quasi souveraine de nos anciens grands prévôts. Ceux-ci réunissaient tous les pouvoirs : la gestion des finances, l'assiette de l'impôt, la police, la justice civile et criminelle et disposaient de revenus considérables pour payer l'octroi du souverain, l'entretien des édifices publics, des fortifications, les fournitures des troupes, les émoluments des officiers municipaux, les sommes consacrées aux dons, aux actes de bienfaisance et bien d'autres attributions de détail.

Quant au mayeur des échevins de St.-Brice et du Bruille, il était le chef de la partie de la ville située sur la rive droite de l'Escaut et ces deux importants quartiers constituaient, en quelque sorte, une ville distincte de la cité, tant sous le rapport civil que religieux.

L'église de St.-Brice dépendait de l'évêché de Cambrai et non de celui de Tournay.

En décembre 1316, *les enfans de feu Jakemon de Bari, savoir : Jakemés, Jehan (clerc), Jakemés et Jehan Hanoke, clerc, leur serourge* (b. frère), *vendent plusieurs rentes assises sur des terres situées à Warchin.*

En avril de la même année (1316), *Jakemon de Bari le jouene* est cité comme achetant une rente héritière ; il s'agit ici de Jacques le cadet, à ne pas confondre avec Jacques, son frère aîné, leur père étant mort en mars probablement.

Jacques de Bary eut 2 fils :

1. GILLES DE BARY, qui suit.

2. JEAN DE BARY, † avant 1381.

Suivant un acte du 26 novembre 1365, *Nicaises Collemers, Gilles de Bari et Jehans de Bary (sic), son frère, doivent 30 florins d'or appartenant à Caisin Asse, fille de feu Jehan* 1).

Le 24 septembre 1369, *Jehans de Bari, fiuls Jaquemon,* est reçu bourgeois de Tournay comme *fiuls de bourgois.*

JEAN DE BARY fut marié à MAIGNE MORIELLE, fille de Jacques Moriel.

Dans un acte du 5 février 1381, nous trouvons un compte

1) Il s'agit sans doute de la fille de Jean de Has dit as Pois (D'azur à 3 gerbes d'or 2, 1).

Un Jehan de Has, dict as Pois, fut roi de l'Epinette au tournoi de Lille en 1399.

Nous avons rencontré un Nicaise Asse en 1337 et un Jean Asse en 1338 à Tournay.

Quant aux Collemer (*D'argent billeté de gueules, à 3 croissants 2, 1, de même*) ils étaient damoiseaux et très-anciens à Tournay où nous voyons en :

1251 Nicolas Collemer, échevin de St.-Brice ;

1280 Jean Collemer, juré (et en 1286 échevin) ;

1293 Gilles Collemer, échevin de St.-Brice ;

1331 Jean Collemer figurer au tournoi des 31 rois ;

1345 Michel Collemer, échevin de St.-Brice ;

1388 sire Jean Collemer, prévôt de Tournay, marié à Catherine de Brielle (Bruyelles) veuve d'Aubert Buridan, (qui épousa en troisièmes noces Gilles de Grammez, écuyer).

rendu par Jacques Moriel et Jean de Crespin 1) comme tuteurs et curateurs de *Hanequin* (Jean), *Jaquemin et Maingnon de Bari, enfans de feu Jehan qu'il eut de feue Demiselle Maigne Morielle, fille audit Jacques Moriel* 2).

Maigne Morielle mourut le 11 septembre 1376, date de l'ouverture de la tutelle. Elle avait épousé en premières noces Jacques Buridan, de qui elle avait retenu une fille nommée Jeanne 3).

Les enfants mineurs susdits possédaient, suivant le compte des tuteurs : A. une maison et trois bonniers de terre à Rumegnies (Rumillies) ; B. une maison située *as abliaux* à Tournay ; C. une seconde audit lieu ; D. trois autres maisons à Rumillies ; E. un manoir avec un bonnier, cinq quartiers et quatre-vingts verges de terre, le tout occupé par Jacques Odoul. — Cette dernière propriété appartenait aux mineurs de Bary pour les sept huitièmes et à ladite Jeanne Buridan, leur sœur utérine, pour l'autre huitième. — F. un bonnier et six cens de terre situés vers le bois de Breuze, et G. quatre bonniers et vingt verges de terre situés à Ramecroix.

Maigne Morielle avait épousé en troisièmes noces Jean le Roy.

Les mineurs susdits étaient aussi propriétaires des trois quarts de la maison dans laquelle mourut leur mère, maison située rue St.-Nicaise.

1) Jean de Crespin, fils de Jacques, fut mayeur des échevins de St.-Brice en 1428.

2) En 1376, les tuteurs de ces enfants mineurs étaient *Jehan et Sandrart Balart frères, Jacques Moriaulx et Jehan de Crespin fils de feu Jacquemart.*

3) C'est cette Jeanne Buridan, sans doute, qui épousa Jean IV de St.-Genois, dont l'arrière grand-père, Jean Ier de St.-Genois, s'était marié à Maigne Thiebegot, issue de la noble maison qui s'allia au 15e siècle à la nôtre.

Remarquons que les Buridan, de noblesse chevaleresque, s'allièrent au commencement du même siècle aux de Bary par les Fachon.

La maison mortuaire devait des rentes à Warchin, à Rumegnies, à Gaurain, près du bois de Breuze, à Vaulx et à Ramecroix.

La mineure Maigne de Bary a demeuré quelque temps chez Gilles de Bary, son oncle.

Le compte fut rendu pardevant les échevins de Tournay le 5 février 1381 (1382 n. st.) en présence de Gilles de Bary et de Jacques de Bary, son fils.

Il est à remarquer que ce compte ne dit pas où se trouvaient le manoir et les terres occupés par Jacques Odoul. Un acte d'octobre 1355, dont la teneur suit, nous renseigne à cet égard :

Hanekin de Bari, fils de feu Jaquemon, par le conseil de ses amis, accorde en bail à Jaquemar Audoul pour neuf ans, six bonniers et demi quartier de terre à Warchin en plusieurs pièces et aux champs d'Allain, juridiction de St.-Brice.

JEAN DE BARY et MAIGNE MORIELLE 1), sa femme, eurent donc 3 enfants :

A. JACQUES DE BARY.

Jacques et Jean de Bary, frères, enfants de feu Jean, ont relevé et juré leur bourgeoisie comme fils de bourgeois, le 21 janvier 1400.

Dans son testament du 22 septembre de la même année, Jacques de Bary cite Catherine de Crespin, fille de Jean, son cousin; il lègue tous ses biens à Jean de Bary, son frère, et aux trois enfants de feu Maigne de Bary, sa sœur. Il parle de sa femme décédée sans dire son nom.

B. JEAN DE BARY.

Il fut reçu bourgeois de Tournay en 1400.

C. MAIGNE DE BARY.

2) La famille Moriel paraît avoir pris son nom de la porte Moriel qui défendit au moyen-âge le quartier St.-Brice.

Wibiert de Morielporte fut échevin de Tournay en 1223.

Engelbert de Moriel, chevalier, mort en 1392, fut marié à Marie du Chastel.

VI. GILLES DE BARY.

Né vers 1330, † avant 1400.

1353, 25 novembre : *Giles de Bari, fiuls Jaquemon, jura se bourghesie comme fiuls de bourgois, à ce jour* 1).

Gilles de Bary remplit les charges de *Ewardeur à St.-Brice* en 1384 et 1386 ;

Juré en 1379, 1380, 81, 83, 85 et 87 2).

Le 5 avril 1364, Gilles de Bary achète sept cens de terre situés sur le chemin de Warchin et aboutissant par derrière à son jardin, ce qui fait supposer qu'à cette époque il habitait entre Tournay et Warchin.

Il fut marié à MAIGNE LE DAM 3), issue d'une ancienne famille patricienne de Tournay.

En 1282, un *Jehan le Dans* est nommé roi des chevaliers de la table ronde, institution tournaisienne qui avait pour but moins la poésie que les joûtes et les tournois.

Suivant un acte de 1365, *Jehan li Berquier, Gilles de Bari et Jehan de Bari, son frère, doivent 20 florins d'or qui sont les enfants Nicaise Ricouwart* (Ricquewart ou Ricquart).

Les testaments de Gilles de Bary et de Maigne le Dam, sa femme, existent aux archives de Tournay. En voici la teneur :

1387, 19 décembre. Testament de Gilles de Bary, paroissien de St.-Brice. Il ordonne une enseigne aux pauvres et fait des legs aux prêtres et employés de l'église de St.-Brice ainsi qu'aux établissements de charité de la ville.

1) Un autre Gilles de Bary, fils de Gilles, reçu bourgeois le 27 nov. 1353 n'est pas à confondre avec notre ancêtre.

2) Extraits des registres dits de la Loi, contenant les noms des magistrats de Tournay.

3) La D[lle] Maigne le Dam, fille de Jacques le Dam, échevin de St.-Brice en 1345, mariée à Lothaire de Bary (fils de Lothaire de Bary, mayeur des échevins de St.-Brice de 1320 à 1326), était probablement tante de l'épouse de Gilles de Bary (fils de Jacques de Bary, mayeur des échevins de St.-Brice en 1327.

Vœl et ordonne que Jaquemars, mes aysnés fi'z, ayt pour se partie et portion des hiretages et fiefs qui de my demouront après mon trespas, les deux fiefs que je tieng de Dieu, de Mons. d'Anthoing et de Grard de Pottes, qui gissent en le paroisse de Ramecroix et de Havines, avec de manage et toutes les rentes, terres et hiretages de main ferme que jou ay es dites paroisses, en quelque manière et condition qu'il soient et gissent. — Item vœl et ordonne que Anthonnes, mes aynés filz après, ayt en sa part et portion toutes les terres, rentes, bos et hiretages en quelconques manière qu'il soient et gissent, que jou ay et puis avoir gissans en le paroisse de Morcourt, que je tieng de Dieu, de Mons. de Leuse, des canonnes (chanoines) *de Tournay et de Caron Catine etc.*

Il partage le reste de ses biens et héritages 1) entre ses cinq autres enfants, savoir : Jehane, Hanekin, Mariette, Martin et Colin (Nicolas) et il cite D^{lle} Maigne le Dam, sa femme.

1400, 20 octobre. Testament de demoiselle Maigne le Dam, veuve de Gilles de Bary.

Elle élit sa sépulture en l'église de St.-Brice *en la pièce de terre que mon deffunt mary acquist pour lui et pour my ;* elle parle de deux enfants mariés, savoir : Antoine et Marie, et de trois fils célibataires nommés Jean, Martin et Nicolas.

GILLES DE BARY et MAIGNE LE DAM, sa femme, eurent donc 7 enfants :

1. JACQUES DE BARY, *Juré de Tournay* de 1393 à 98. Il mourut jeune probablement, laissant une fille AGNÈS DE BARY qui était en 1458 mariée a GILLES DE LOYAUCOURT, écuyer.

Suivant un acte du 8 juillet de cette année, *noble homme*

1) Un chirographe nous apprend que le 26 janvier 1374 (1375 n. st.) *Gillion de Bary acheta un quartier situé à la Maladrie de Warchin et tenant à son héritage.*

Gilles de Loyaucourt, escuyer, et Damoiselle Agniez de Bary, sa chière et amée compaigne et espeuse, demorans en le ville et cité de Tournay, vendent une partie de terre à Havines 1).

Gilles de Loyaucourt figure en 1477 comme mayeur des *esgardeurs* parmi les otages tournaisiens exigés par le roi Louis XI. (Nicolay.)

En 1488, sire Gilles de Loyaucourt est arbitre entre Martin de Bary 2) et Gossuin Derbaudrenghien.

Le premier de ces gentilshommes était, croyons-nous, frère de Léon de Loyaucourt, seigneur dudit lieu, le compagnon d'armes en 1482 de Gérard du Chastel de la Howardries.

Les de Loyaucourt portaient : *De sinople à l'écusson d'argent* 3). (Bozière.)

2. ANTOINE DE BARY.

Reçu bourgeois de Tournay en 1400, il fut : *Ewardeur à St.-Brice* en 1400, 1402, 1406 et 1408 ; *Juré* en 1404, 1409, 1410 et 1411.

Héritier des fiefs sis à Mourcourt, il testa en 1416 comme paroissien de St.-Brice. Il parle dans son testament de ses trois frères Jean, Martin et Nicolas, et de sa femme, demoiselle JEANNE D'ESCAMAING, dont il a 5 enfants.

Suivant le testament (même année) de Pierre des Campeaux et de Marie de Bary, sa femme, tante de ces enfants, ceux-ci s'appelaient Haquinet (Jacques), Miquelet (Michel), Colin (Nicolas), Masset (Maxime) et Pasquette de Bary.

1) Nous possédons l'acte original de cette vente.

2) Il s'agit ici de Martin de Bary fils de Jean, sire Martin, prévôt, étant mort en 1484.

3) En 1197, Thomas de Léalcort (Loyaucourt) est cité par Reiffenberg et Poutrain comme seigneur vassal du comte Baudouin de Flandre et de Hainaut dans les lettres de ce prince aux Tournaisiens pour le rachat de leur ville assiégée par lui.

Dans un acte de 1400 1), il est question de l'achat d'une rente à Gaurain et Ramecroix par Antoine de Bary, bourgeois de Tournay, et damoiselle Jeanne d'Escamaing, sa femme.

Nos archives contiennent trois actes originaux auxquels sont appendus les scels en cire rouge de Jehan, sire d'Escamaing, en 1428 et 1431, et de son fils Jehan, sire d'Escamaing, en 1451.

Les hommes de fief de la seigneurie étaient en 1428 sire Jehan d'Escamaing, « prebtre, » et Gérard d'Escamaing 2).

Les d'Escamaing portaient : « De .... à 3 cors de chasse posés 2 et 1. »

Jeanne d'Escamaing, fille probablement de Jacques, † 1370, et de N. Florine, se remaria avant mai 1422 à Michel Beaudequin, écuyer 3).

1) L'original est en notre possession.

2) La seigneurie d'Escamaing était située dans la paroisse de Baisieu et tenue en justice viscomtière de la baronnie de Cisoing.

Un Roger d'Escamaing est cité dans le calendrier de Nicolay. en 1478.

Par l'acte de 1431 donné au castel de Wallaincourt, avec l'approbation de Jeanne de Werchin (Warchin), sénéchale de Hainaut, Jehan, sire d'Escamaing et Gilles du Busquiel, son cousin, époux de Dlle Mehault le Prévost, font une donation aux religieux chartreux du Mont St.-André.

Les actes originaux du 15e siècle et du commencement du 16e, que nous possédons, nous ont été offerts par la famille du Mortier qui les avait sauvés de la destruction lors de la révolution ainsi que bon nombre de titres de propriétés des communautés religieuses du Tournaisis et du Hainaut.

Nous ne saurions assez exprimer à cette noble famille nos sentiments d'affectueuse reconnaissance.

3) Les Beaudequin portent : *D'argent à la hure de sanglier de sable défendue d'argent.*

Paul de Beaudequin fut attaché à la personne de Philippe-le-Bon, duc de Bourgogne.

Philippe de Beaudequin fut sommelier de l'empereur Charles-Quint. (Bozière)

ANTOINE DE BARY et JEANNE D'ESCAMAING, sa femme, eurent 5 enfants :

A. JACQUES DE BARY, héritier de Pierre des Campeaux et de Marie de Bary, suivant leur premier testament de 1414.

B. MICHEL DE BARY (4e du nom).

C. NICOLAS DE BARY, marié avant 1437 à PHILIPPINE DE BUILLEMONT, dont il laissa une fille Jeanne de Bary, née en 1437, morte en 1501.

Les de Buillemont portaient : *De sable à l'écusson d'argent en cœur, à la cotice d'or sur le tout.* (Bozière.)

Cette antique maison, d'origine chevaleresque, s'est alliée aux plus nobles familles du Hainaut 1).

D. MAXIME DE BARY } enfants mineurs en 1416.
E. PASQUETTE DE BARY }

3. JEANNE DE BARY.

Vers le milieu du 15e siècle, ARNOUL DE LA HAYE, seigneur du Fresnoy et de la Haye à Flers, était marié à *Jeanne de Bary.* (Bozière.) Il était selon toutes probabilités fils de Alard, seigneur de la Haye à Flers, † avant 1457, qui avait épousé vers 1400 Marie, dame du Fresnoy à Ennechin 2).

1) N. de Mortagne était en 1300 veuve de Gérard de Buillemont.

Arnoul de la Hamaide † 1422, époux de Marguerite du Marets † 1459 (fille de Regnault du Marets et de Marie de Calonne) était fils d'Arnoul de la Hamaide d'Anvaing, écuyer et de demiselle Marie de Buillemont.

Bonne de Buillemont épousa Arnoul Cottrel, seigneur d'Esplechin ; leur fille Michelle Cottrel épousa Nicolas de Lannoi, seigneur de Lesdain. — (Bozière.)

Pierre de Buillemont est cité en 1343 à Tournay.

Roger de Buillemont était homme de fief du comte de Hainaut en 1410 (acte original aux archives de Guebwiller).

2) Jeanne de la Haye, fille de Alard et de Marie du Fresnoy, dame dudit lieu, fut mariée à Enguerrand de Rasse, bourgeois de Lille, échevin en 1445 et 1449, juré en 1446.

De la Haye portait : *De sable à 3 étoiles d'or, 2 et 1, à 3 étrilles en abîme de même, 2, 1.*

Remarquons qu'en 1431 (mai) *Jaquemart de le Haye, Jehan de le Haye et Rigault Pépin doivent 34 couronnes d'or appartenant à Haquinet et Anchon de Bary, enfants de feu Colart.*

Suivant un acte d'août 1465, Jehan de Bary, sire Gilles de Loyaucourt et Martin de Bary doivent 43 livres appartenant à *Haquinet de le Haye.*

Ce JACQUES DE LA HAYE, enfant mineur à cette époque, cité avec trois neveux de Jeanne de Bary, fille de Gilles, devait être leur parent ; peut-être était-il petit-fils de cette dame et d'Arnoul.

Une autre JEANNE DE BARY teste en décembre 1438 comme paroissienne de St.-Brice et épouse de THOMAS PITET (ou PETIT ?). Elle donne tous ses biens à sa tante Cécile, femme de Jean Pourvuendier, et nomme exécuteurs testamentaires *Jehan Ricquewart* (Ricquart) et *Jehan de le Seur.*

Ces Ricquart, portant : *D'argent au chevron d'hermine acc. de 3 trèfles de sinople,* paraissent s'être alliés aux de Bary, ainsi que cela résulterait aussi de l'acte de 1365 relaté plus haut.

4. JEAN DE BARY, DIT LE DAM 1), † 1421, fut *Echevin de St.-Brice* en 1414, 15, 17 et 19, et *Ewardeur à St-Brice* en 1416, 18 et 20.

Ce dernier gentilhomme était ainsi beau-frère de Jeanne de Bary.

Robert de la Haye, écuyer, vivait en 1244 à Tournay. Thiébaut de la Haye y est cité en 1368, et Messire Jacques de la Haye, en 1399.

Simon de la Haye était en 1423 *sergent de Haynau.*

Jean de la Haye fut en 1478 sergent royal à Tournay.

Hoste de la Haye, écuyer, seigneur dudit lieu, était au 15e siècle marié à Sainte du Moulin.

1) Jean de Bary avait ainsi pris le nom de sa mère.

Il laissa à ses neveux et nièce Gaspard, Anne et Jacques de Bary, enfants de Nicolas et de Marie d'Espierre, un don de cent écus d'or.

5. MARIE DE BARY, mariée à PIERRE DES CAMPEAUX, fils de Simon, portant : *D'argent à la croix engrelée de sable, au lambel de gueules.* (Carpentier.)

Honorable homme Pierre des Campeaux, fils de feu Simon, et demoiselle Marie de Bary, sa femme, fille de feu Gilles, font le 1er février 1413 (1414 n. st.) leur testament comme paroissiens de St.-Brice.

Je Marie de Bari vœil et ordonne que quant je seray ou lit mortel que je soye portée à l'ospital dou Bruille ou à l'ospital de Marvis ou mieux sara me devotion et soye et demeure ou dit ospital tant que je soye trespassée, et quant je seray trespassée que je soye portée doudit ospital à Saint Brixe et là mise en terre etc.

Les testateurs donnent leurs maison, jardin et dépendances, situés à Labliel 1), pour y loger cinq bonnes filles pucelles.

Ils font des legs particuliers à leurs amis et ordonnent que le reste de leurs biens soit partagé entre *Chrestiennette Cathine, fille de Willaume* 2) *et de Dlle Marguerite Piparde, leur commère,* et Jacques de Bary, fils d'Antoine et de Dlle Jeanne d'Escamaing.

Par un acte approuvé par les échevins de St.-Brice le

1) Aujourd'hui rue des Campeaux.

Cette fondation est devenue plus tard le couvent des Campeaux.

2) Guillaume Catine fut procureur général de Tournay en 1422. Cette famille était ancienne, un Arnoul Catine figurant parmi les jurés de cette ville en 1280.

Les Pipart étaient également des patriciens distingués portant: *D'azur à 3 coqs d'or, 2, 1, membrés et crêtés de gueules.*

Sire Gérard Pipart, † 1485, fut mayeur des échevins de Saint-Brice en 1451, prévôt en 1453 et juré en 1477. Sa fille Quintine Piparde épousa Jacques d'Ennetières.

9 novembre 1414, lesdits conjoints confirment la donation faite ci-dessus de leur maison pour l'établissement d'un refuge en faveur de cinq bonnes filles.

6. MARTIN DE BARY, qui suit.

7. NICOLAS DE BARY, qui suit après.

Ce dernier, mort en 1420, est l'auteur des branches actuelles, que l'on considérait à tort comme issues de Martin, mort en 1438, dont la descendance s'éteignit en la personne de Anne de Bary, décédée en 1637, épouse de maître Jean Meurisse, seigneur de la Havrie, etc.

VII. MARTIN DE BARY (Ier du nom).

Né vers 1384, † le 28 octobre 1438.

Martin de Bary, reçu bourgeois de Tournay en 1412, fut :

Ewardeur à St.-Brice en 1417, 19, 21, 28 et 34 ;

Juré en 1418, 20, 22, 24, 25, 27, 30, 31, 32 et 37 ;

Echevin de St.-Brice en 1423 et 35 ;

Mayeur des échevins de St.-Brice et du Bruille en 1426 et 33.

Le 28 novembre 1421, vingt-trois notables Tournaisiens, à la tête desquels est cité Martin de Bary, apportent au magistrat des capitaux pour être convertis en rentes sur la ville, pour le payement de 2000 couronnes au duc de Bourgogne, payement consenti par le roi de France Charles VII.

Le 7 avril 1427, sire Michel de Gand, prévôt, Martin de Bary, Henri de Canners et le procureur général de la ville, Gilles du Clermortier, auxquels sont adjoints quelques délégués du chapître, sont députés pour aller négocier le renouvellement du traité entre la ville et le duc de Bourgogne. Ces députés furent de retour le 2 juin suivant et firent leur rapport en la Halle en présence d'un très-grand nombre d'habitants de la ville. Ils repartirent pour revenir le 6 juin après avoir définitivement traité 1).

Dans un acte de 1428 2), nous voyons figurer parmi les membres *les plus notables et souffisants* de la confrérie de Ste-Croix en l'église St.-Brice : Nicolas et Jean au Toupet, Jean de la Foy, Martin de Bary, Nicolas de Lille, Jean de Hellemmes 3), Pierre le Roy, Watier Berenger, Jean de le Motte, Jacques du Chasteler, Jean le Carlier, etc.

MARTIN DE BARY fut marié :

1° à MADELEINE DE BRABANT, † 1417, dont un fils, Jacques de Bary ;

2° à CATHERINE BON ENFANT, née 1400, † 1449 (fille de sire Oudart Bon Enfant, prévôt de Tournay et mayeur de St.-Brice), dont 2 enfants : Martin et Agnès de Bary.

La famille de Brabant, portant : *D'azur à la fasce d'argent acc. en chef de 2 étoiles et en pointe d'une croizette de même*, existait encore au 16e siècle à Tournay.

Madeleine de Brabant, épouse de Martin Ier de Bary,

1) Extraits des anciens registres des Consaux de Tournay, publiés en 1863 par M. H. Vanden Broeck.

Nous trouvons dans cet ouvrage les preuves suivantes du patriotisme des Tournaisiens.

D'abord, il résulte d'une lettre de Jeanne d'Arc, datée de Gien le 25 juin 1429 et adressée *aux loyaux Français de la ville de Tournay* que celle-ci était restée fidèle au roi de France pendant que les Anglais et le duc de Bourgogne tenaient le souverain reserré dans un petit coin de son royaume, envahi et désolé de toutes parts. Ensuite, lorsque un an plus tard la Pucelle, prisonnière des Anglais, se trouvait à Arras, dépourvue de tout, elle s'adressa aux Consaux de Tournay qui s'empressèrent de lui faire porter *de XX à XXX escus d'or pour emploier en ses nécessitez*.

2) Acte original aux archives de Guebwiller.

3) Villehardouin cite un *Lienard de Helesmes* croisé en 1207.

Les de Hellemmes figurent aux 14e et 15e siècles parmi les damoiseaux et les prévôts de Tournay.

était probablement sœur de Guillaume de Brabant, grand-doyen des métiers de Tournay de 1426 à 1456 1).

Suivant un renseignement fourni par le généalogiste Gœthals, *Damoiselle Catherine Bon Enfant reçut de sa tante damoiselle Marie Bon Enfant, épouse de Nicaise de Lalaing dit de Sepmercès, la somme de cent livres tournois ou couronnes d'or, par son testament de 1429.*

La noble maison de Bon Enfant portait: *De gueules au chevron d'argent à 3 losanges* 2).

Martin de Bary fut enterré en l'église de St.-Brice entre ses deux femmes 3).

Martin de Bary eut donc 3 enfants:

1. JACQUES DE BARY.

Etant mineur, il eut en 1418 pour tuteurs Nicolas de Bary, son oncle, et Michel de Brabant († av. 1429), et en 1429 pour tuteurs sire Jean Haccart et Jacques du Chasteler.

2. MARTIN II DE BARY, qui suit.

1) Catherine de Brabant † 1499 fut mariée à Jean Bracque. écuyer, qui figura au tournois de l'Epinette en 1435.

2) Bozière cite un Pierre Bonenfant comme fondateur d'un obit aux frères mineurs de Tournay en 1347.

Denis *Boinefant* figure au tournoi de l'Epinette en 1435.

Jean Bon Enfant, damoiseau de Tournay en 1435, était seigneur du Quesnoy du chef de sa femme.

3) Voici la teneur de l'épitaphe, que M. le comte Paul du Chastel de la Howardries a bien voulu nous communiquer:

Ecusson ovale aux armes des *de Brabant.*	Armoiries des *de Bary.*	Ecusson ovale aux armes des *Bon Enfant.*

Chy gist Honorable Homme Martin de Bary quy trespassa le XXVIIJ^e jour d'octobre en l'an de grâce MIIIJCXXXVIIJ.

Chy gist Demisielle Maigne de Brabant sa femme première quy trespassa le VI de septembre l'an MIIIJCXVII.

Chy gist Demisielle Jehenne Bonenfant sa seconde femme quy trespassa le IIe jour de jullet MIIIJCXXXXIX.

Cette inscription, gravée sur cuivre en lettres gothiques, ornait autrefois le chœur de l'église de Saint-Brice.

3. AGNÈS DE BARY, mariée à JEAN THIEBEGOT, écuyer, bourgeois et damoiseau de Tournay en 1439 (fils de Jean, fils de Henry Thiebegot et de Catherine de Clermés), portant : *D'or à 3 pals aiguisés de gueules, à la fasce d'argent chargée de 3 coquilles d'azur* 1).

Dans un recueil d'épitaphes (manuscrit n° 226) de la bibliothèque de Tournay, on trouve la description du tombeau de Jean Thiebegot et de *Demiselle* Agnès de Bary, qui était *dessous le balustre de la communion à St.-Brice où étaient représentés un homme et une femme avec écriteau et armes de cuivre jaune, ladite pierre étant de marbre bleu.*

VIII. MARTIN DE BARY (IIe du nom).

Né 1420, † le 25 août 1484.

Reçu bourgeois de Tournay en 1443, il fut neuf fois *Echevin de St.-Brice,* huit fois *Juré,* trois fois *Mayeur des échevins de St.-Brice,* une fois *Mayeur des éwardeurs* et quatre fois *Prévôt* (de 1476 à 1481).

Sire Martin de Bary figure parmi les membres de la confrérie des damoiseaux de Tournay, de 1456 à 1464 2).

Dans le calendrier des guerres de Tournay (1477-1479) par Jehan Nicolay, publié d'après un manuscrit de la bibliothèque de Paris, suivi d'appendices, par Frédéric Hennebert, membre secrétaire de la Société historique et littéraire de Tournay, en 1853, nous détachons la relation des faits suivants :

1) Un Jean Thiebegot est cité comme hayant abité le Rihagne à Tournay avant 1293.

Maigne Thiebegot fut mariée à Jean I de Saint-Genois.

Jean Thiebegot figure au tournoi des 31 rois en 1331. Son frère Jacques fut échevin de Saint-Brice en 1325.

La torche des damoiseaux porte l'écu des Thiebegot.

2) Attestation de M. B. C. du Mortier.

Le mardy vingt septième du moys de may l'an mil quatre chens soixante dix sept, au plus matin, se partirent de Tournay le seigneur de Mouy, Navarot et la plupart de la garnison, et allèrent à Bouchain devers le Roy (Louis XI): *se partit aussy avœcq eulx maistre Ollivier le Daim, cappitaine de Meullean, quy avoit esté envoyé du Roy en la dite ville de Tournay avœcq aultres secrétaires, dès le premier jour du précédent moys, comme dessus est dit. Sy partirent aussy et allèrent aussy avœcq les dits gens d'armes par le commandement du Roy, aulcuns officiers et gouverneurs de la dite ville, c'est assavoir Martin de Barry, second prevost, Jean Canone, grand doyen de la communauté, Lion Haccart, mayeur des escevins, Arnould Bernard, soubz mayeur des eswardeurs, maistre Sallomon Testelin, advocat et souverain conseiller de la ville, et mestre Jehan Maurre, premier greffier de ycelle, avœcq aulcuns aultres officiers et serviteurs de justice de la dite ville, sans savoir pourquoy le Roy les avoit mandés* 1). *Et ce miesme jour au soir, l'escuier Navarot retourna en la ville, et avœcq luy environ vingt lances.*

Le vendredy dix huitiesme du dit moys (juillet 1477) *environ deux heures de l'après disner, se party de Tournay pour retourner devers le Roy, maistre Jehan de Chaumont avœcq lequel allèrent, envoyés en ambassade de par la ville de Tournay, Martin de Barry, second preuvost, Gerard de Heurtebise, mayeur des escevins de Saint Brisse, Jehan Canonne, grand doyen des mestiers, Pasquier Grenier, bourgois de la ville, et mestre Jehan du Haveron, avocat de ycelle, accompagné du seigneur de Moy et des aultres capitaines avœcq leurs gens etc.*

Nous trouvons dans les appendices, sous la date du 29

1) On aura appris par notre introduction pourquoi Louis XI avait mandé les chefs de la ville auprès de lui à Bouchain.

juillet, mention du rapport de *Sire Martin de Bary, preuost, et aultres depputez de la ville retournez de deuers le Roy nostre Seigneur et des lettres dudit Seigneur par eulx aportées, par lesquelles il requiert que on luy face ayde de cincq mil cincq cens escus dor.... Les consaulx mercyent les depputez du bon deuoir quilz ont fait; et au surplus sont dassens de parfaire layde que le Roy a demandé, et pour ce faire soit vendu rente viaigiere sur le corps et communité de lad. ville, sil plaist à icelle communité, et que à ce propos le peuple soit assemblé a vendredy prouchain venant au matin, pour sur ce auoir son aduis et deliberacion.*

Le 31 octobre suivant, les consaux nomment ambassadeurs auprès du roi de France, sire Martin de Bary, prévôt, Jean Canonne, grand-doyen, et maistre Jean du Haveron, conseiller, qui partirent le 19 novembre et revinrent à Tournay à la fin de mars 1478.

Le 2 mai de la même année, les consaux approuvent la proposition des chefs de la ville d'envoyer vers le roi: Sires Jacques Cottrel, prévôt, Martin de Bary, mayeur de St.-Brice, Gérard de Hurtebise, juré, Jean Cottrel, éwardeur, Jean Repus, doyen, et maistre Jean du Haveron, conseiller.

Le 11 juin suivant, sire Jacques Cottrel, prévôt, sire Martin de Bary, majeur, le grand-doyen, etc., sont envoyés au roi à Cambrai.

A la fin d'août 1479, sire Martin de Bary, *Mayeur des esgardeurs*, Jean de Courcelles, grand-doyen, Jacques d'Estrayelles, juré, et maistre Jean Leleu, procureur, sont *depputez et esleus par les chiefz a aler vers Mons. le duc d'Austerice et son conseil à Bruges pour obtenir prouision et remede aux grans maulx, dommaiges et pilleries que font journellement les subgés dud. duc aux subgés de la ville et du bailliage* 1).

1) Le duc Maximilien d'Autriche, époux de Marie de Bourgogne, fit droit à la requête des députés de Tournay qui rapportèrent le 19 sept. 1479 des mandements satisfaisants.

Le 24 avril 1481, sire Martin de Bary, prévôt, accompagné du grand-doyen et du procureur de la ville, est de nouveau député au roi de France.

MARTIN DE BARY fut marié à ANNE DE CLERMÉS († 1454), fille de Roger de Clermés, juré en 1396, député au roi de France en 1420, et de Catherine Bourgeois *(D'or à 3 pals d'azur, au chef chargé d'un lion issant d'azur)* 1).

Ce Roger de Clermés était fils de sire Roger, prévôt de Tournay en 1400, et de Marie Bœmin.

Roger de Clermés, père de sire Roger qui précède, fut marié 1° à Maigne Florins, † 1334, fille du damoiseau Jacques Florins ; 2° à Marie Gargate, † 1343, fille du seigneur Wattier Gargate.

La noble maison de Clermés 2) portait : *D'argent à la bande fuselée de gueules de 5 pièces*, suivant Bozière, et *D'argent à la bande losangée de gueules rompue d'une coquille d'azur en chef*, d'après nos lettres testimoniales.

SIRE MARTIN DE BARY et ANNE DE CLERMÉS eurent 3 enfants :

1. JEAN DE BARY, qui suit.

2. JACQUES DE BARY.

Né vers 1470, il fut marié à MARIE JOSEPH, fille de Quintin, écuyer, et de Alice de le Cambe dit Ganthois.

1) Jehan Bourgeois, † avant 1431, était marié à Agnès Joseph.

Nicolas Bourgeois figure en 1439 parmi les damoiseaux de Tournay.

Simon Bourgeois est cité en 1514 avec Jacques de Bary fils de Jean et sire Michel Joseph.

Sir Alard Bourgeois, seigneur de Bondu, prévôt de Tournay, † 1568, épousa Jeanne de Thieulaine.

2) Guillaume de Clermés est cité en 1318 à Tournay avec Lothaire de Bary.

Lion de Clermés figure au tournois de l'Epinette en 1435.

Henri, Jean de Clermés l'aîné et Jean de Clermés le jeune figurent en 1439 parmi les damoiseaux de Tournay.

Sire Simon de Clermés fut prévôt de 1477 à 1488.

La famille Joseph, une des plus anciennes de Tournay, portait : *D'or à une merlette de sable* 1).

Les de le Cambe dit Ganthois portaient : *De gueules au chevron d'or* 2).

Jacques de Bary et Marie Joseph eurent 5 enfants :

A. QUINTIN DE BARY, marié vers 1540 à CATHERINE DE LOOS, fille de Pierre 3).

B. ANASTASIE DE BARY, mariée à GUILLAUME POURIER portant : *Fascé d'argent et de sinople de dix pièces.* (Comte Paul du Chastel de la Howardries.)

Bozière (armorial de Tournay) donne aux Pourrés ou Pourier les armes suivantes, d'après un sceau de 1285 : *Burellé d'argent et d'azur de 8 pièces.*

Henri à le Take *dit Pourrés*, prévôt de Tournay, ordonna avec Wattier Coppés la construction des murs et des tours de la rive gauche en 1277.

Maîtres Gilles et Jean *Pouret* furent conseillers de Tournay en 1332 4).

Guillaume Pourier fut échevin de Tournay de 1569 à 1576.

C. JEANNE DE BARY, mariée vers 1550 à JACQUES DE LE MARLIER, bailli de St.-Pierre à Leuze. Elle testa en 1583.

D. AGNÈS DE BARY, mariée 1° à JEAN PARISIS ; 2° à BASTIEN JOSEPH, son cousin germain.

E. CATHERINE DE BARY, mariée à MARC JACOB, bourgeois de Tournay, dont une fille Agnès Jacob, citée en 1583.

1) Sire Jean Joseph fut juré en 1451, prévôt en 1496. Un autre Jean Joseph fut prévôt en 1515.

2) Jacques de le Cambe fut roi de l'Epinette au tournoi de Lille en 1282.

3) Parmi les chevaliers qui vinrent d'Allemagne rejoindre les croisés à Venise en 1202, Villehardouin cite Thierri de Loos et Alexandre de Vilers.

Le même auteur cite en 1206 Thierri de Loos comme sénéchal de Henri, frère de l'empereur Baudouin de Constantinople et Villain de Loos (tué à la Rousse) comme frère de Thierri.

4) En 1328, *Dierains Pourais* vend 2 bonniers de terre à Jacques de Bary.

3. MARIE DE BARY, mariée à PIERRE DE LANDAS, écuyer, fils aîné de Jean de Landas, seigneur de Corbion, et de Agnès des Wastines *(De sable à une double aigle d'or, membrée et becquée de gueules).*

La très-noble maison de Landas, portant: *Emanché d'argent et de gueules de 5 pièces* — Cri d'armes: *Landas,* était, après celle de Mortagne, la plus ancienne et la plus illustre du Hainaut 1).

Les Landas portaient primitivement d'argent plein. Le roi de France, en mémoire de leur vaillance, leur donna cinq rayons de gueules, pour dénoter la grande effusion qu'ils avaient faite du sang de leurs ennemis. (Bozière.)

Pierre de Landas et Marie de Bary, sa femme, eurent 5 enfants:

1) Amaricus de Landas, vir nobilis, vivait en 968.

Roger de Landas, vers 1140, eut 2 fils.

1. Arnoul de Landas, chevalier en 1172 de Baudouin V de Hainaut;

2. Gérard de Landas, également chevalier:

Celui-ci eut un fils: Arnoul de Landas qui vivait encore en 1236 et laissa 2 fils nommés Arnoul et Gérard.

Jean de Landas, avoué de Cysoing en 1186, était marié à Péronne d'Oisi d'Avesnes. (Poutrain.)

Alméric X de Landas eut un seul fils: Gilles de Landas, *hauz hom de Flandres* (Villehardouin), tué dans la mêlée entre les Français et les Vénitiens à Jadres (Zara) en nov. 1202. Ce chevalier infortuné laissa une petite fille unique, Béatrix de Landas, qui fut mariée avant 1289 à Baudouin de Mortagne, dernier châtelain de Tournay.

Jean de Landas, premier baron de Landas, fils de Baudouin, fut tué à Poitiers en 1356. Dans son beau récit de cette bataille, Froissard cite Messire Jean de Landas comme un des chevaliers les plus illustres et *moult secrets* du roi Jean de France. Aussitôt que Messire Jean de Landas qui était l'un des maîtres et gouverneurs du duc Charles de Normandie, vit en sûreté ce prince que l'on avait fait retirer de la bataille, il retourna combattre aux côtés de son roi et trouva une mort glorieuse *près du gentil duc Pierre de Bourbon, dont ce fut pitié et dommage.*

Jean de Landas, père de Pierre, était probablement fils de Jean de Landas cité à Tournay en 1422 comme allié à Jean de Melun, seigneur d'Antoing.

1. Marie de Landas, mariée à Robert de la Hamaide, écuyer 1).

2. Martin de Landas, né 1480.

3. François de Landas.

4. Anne de Landas.

5. Gertrude de Landas, mariée à Léon Haccart, écuyer.

Marie de Bary, veuve de Pierre de Landas, fit un testament le 17 octobre 1526.

IX. JEAN DE BARY.

Né vers 1460.

Reçu bourgeois de Tournay en 1493, il remplit les fonctions de *Juré* et d'*Echevin de St.-Brice* de 1494 à 1504, puis de *Mayeur des échevins de St.-Brice* en 1505.

Il fut marié 1° à JEANNE DU BOS, † 1485, fille de Jean du Bos 2), et de Marguerite du Moulin, dont un fils Jacques de Bary ; 2° à AGNÈS DE WERQUIGNEUL, petite-fille de Mathieu de Werquigneul et de Agnès Buridan, dont 8 enfants.

La noble maison de Werquigneul portait : *D'or semé d'hermines rompues d'un croissant montant de sable* 3).

1) Les de la Hamaide portant *D'or à 3 hamaides de gueules ;* cri d'armes : *Hamaide*, comptent parmi les maisons d'antique chevalerie du Hainaut.

Antoine, chevalier, sire de la Hamaide, figure à la première croisade. Gérard de la Hamaide était en 1187 un des chevaliers de Baudouin V de Hainaut. Jean de la Hamaide fut tué à Azincourt. Nicolas de la Hamaide fut prévôt de Tournay. Charles de la Hamaide, écuyer, seigneur de Monniboy, était juré de Tournay en 1597 (Lettres testimoniales aux appendices).

2) Ce Jean du Bos était fils de sire Jean, receveur général de Tournay en 1423, prévôt en 1427 et de Catherine Bernard, issue d'une famille noble de Tournay.

Jeanne du Bos avait épousé en premières noces Maître Jean le Brun. Un *Gilles dou Bos* est déjà cité en 1280 à Tournay.

3) Lettres testimoniales. *Madame Wiertiniel* possédait en 1334 une maison à Tournay.

Jean de Bary eut donc 9 enfants :

1. JACQUES DE BARY, né 1485, écuyer, bailli de Kain, près Tournay, en 1514, *Mayeur des échevins de St.-Brice* en 1536, marié à MARIE JOSEPH.

2. NICOLAS DE BARY, né 1487, écuyer, archer de corps du roi Louis XII de France, fut enterré à Amiens en l'église des Augustins, chapelle St.-Nicolas de Tollentin. *Obiït sans hoirs.* Il avait épousé 1° CLAIRE DE COURTRAY et 2° MARIE SOURCH.

Claire de Courtray était issue de la très-noble maison dont le chef était châtelain de Courtray, portant : *D'or à quatre chevrons de gueules, le premier rompu* 1).

3. ANNE DE BARY, née 1489, † av. 1496.
4. ANTOINETTE DE BARY, née 1490.
5. GILLES DE BARY, né 1491.
6. QUENTINE DE BARY, née 1492.
7. MARIE DE BARY, née 1494, religieuse à Ast en 1530.
8. ANNE DE BARY, née 1496, religieuse à Douai en 1530.
9. PIERRE DE BARY, qui suit.

X. PIERRE DE BARY.

Né vers 1499, † 1580.

Pierre de Bary, écuyer, fut *Juré* et *Echevin de Tournay* de 1567 à 1576.

1) Rappelons à cette occasion qu'une fille du châtelain de Courtray avait épousé Jacques d'Artevelde, tué par ses concitoyens en 1345 et que cet agitateur célèbre, que Froissard déclare avoir été brasseur de miel, sans doute parce qu'il était chef de la puissante corporation des brasseurs de Gand, n'en était pas moins né bon gentilhomme, ayant été dans sa jeunesse page du roi de France, suzerain du comte de Flandre.

Jean Cousin dit que l'alliance avec le roi d'Angleterre fut jurée à Gand l'an 1337 à l'instigation de Jacques d'Artevelde et de Siger de Courtray, noble chevalier flamand.

Parmi les seigneurs qui partirent en 1096 pour la Terre-Sainte avec le comte Robert de Flandre, le même auteur cite un Siger de Courtray.

Le souverain Pontife Léon X, de la famille de Médicis, élu en 1513 et mort en 1521, accorda à Nicolas de Barry, écuyer, archer de corps du roi de France Louis XII, ainsi qu'à ses frères Pierre de Barry et Jacques de Barry, aussi écuyers, la faculté et la grâce de jouir dans son palais et d'user de plusieurs privilèges réservés aux nobles de sa suite. (P. F. V. Gœthals, Bruxelles.)

PIERRE DE BARY épousa en 1530 CATHERINE RHIDON, fille de maître Gossuin Rhidon, notaire apostolique et royal à Tournay et de Catherine le Breure (fille de Jacques le Breure, écuyer, et de Jeanne de Cordes-Waudripont dite du Quesne).

Suivant testament (approuvé le 5 janvier 1581) de honorable homme Pierre de Bary, bourgeois de Tournay, et de demoiselle Catherine Rhidon, sa femme, ils font des legs importants aux établissements de charité et aux veuves pauvres de chaque paroisse. Ils donnent :

à Catherine de Bary, leur fille aînée, un fief situé à Dottignies, un autre fief dans la même commune et des parties de terres dans diverses communes ;

à Anne de Bary, leur fille, un fief à Leers, des terres dans diverses communes et la maison où ils demeurent ;

à Madeleine de Bary, leur fille, une ferme à Escanaffles, comprenant 32 bonniers de terres, prés et bois, à charge d'une rente assignée à Anne de Bary, fille de Nicolas, leur fils ;

Pour la part de cette dernière, d'abord les biens échus à son père, Nicolas de Bary, *par le trespas de Jacqueline de Bary qui fut femme à Jacques Merchier ;* ensuite, une maison à Tournay et des terres dans différentes communes ;

à Esther Frappé, fille de Mathieu et de feu Marie de Bary, leur fille, un fief à Dottignies et différents biens.

Pierre de Bary, leur fils, religieux de l'ordre de St.-Benoit à Cisoing, se contentera de la rente annuelle qui lui a été assurée par acte authentique.

Quant à Agnès de Bary, leur fille, *femme à Jean de Aberia, espagnol, parce qu'elle luy adhère et porte faveur comme estant présentement du nombre des rebelles et ennemis du Roy et nostre patrie dont est le chef Don Jean d'Austrice, au service duquel ledit Aberia s'est transporté contre nostre volonté et grand regret et que nostre dite fille, hantant et conversant avecq ledit de Aberia, son mary, est coupable de la rebellion d'icelluy, pour ceste cause et aultres justes raisons à ce nous mouvans, nous avons exhérédé, etc.* 1).

Les exécuteurs testamentaires furent Louis Zivert et Me Guillaume des Cordes, gendres des testateurs.

PIERRE DE BARY et CATHERINE RHIDON, sa femme, eurent 8 enfants :

1. NICOLAS DE BARY, qui suit.
2. PIERRE DE BARY, religieux à Cisoing.
3. MARIE DE BARY, née 1534, mariée à MATHIEU FRAPPÉ portant *de sable à l'arbre arraché d'or*, dont une fille Esther Frappé.
4. CATHERINE DE BARY, née 1536, mariée à JACQUES-JEAN LE MAIRE, portant *d'argent à 3 merlettes de sable.*

Suivant le généalogiste Gœthals, *Jacques-Jean Le Maire, natif de Tournay et Catherine de Bary, sa femme, fille de*

1) Pour expliquer la clause par laquelle Pierre de Bary et Catherine Rhidon, sa femme, déshéritent leur fille Agnès, mariée à Jean de Aberia, partisan de Don Juan d'Autriche en 1580, rappelons que Tournay obéissait alors aux Etats-Généraux de Bruxelles qui avaient, le 7 décembre 1577, déclaré Don Juan coupable de rébellion et qui, vaincus par ce prince à Gembloux le 31 janvier suivant, appelèrent l'archiduc Matthias, puis s'allièrent à la reine d'Angleterre et au duc palatin Casimir; qui ensuite, se jetèrent dans les bras du duc d'Alençon pendant que le prince d'Orange était reçu en triomphe à Gand et que Montigny commandait ses « malcontents. »

Pierro, écuyer et de Catherine Rhdon, s'établirent à Anvers pour mieux jouir de l'enseignement des nouvelles doctrines en matière re'igieuse. De ce mariage naquirent 6 enfants dont quatre s'établirent en Hollande. Pierre Le Maire est mort à Madrid et David Le Maire se fixa à Londres. Le plus célèbre de tous fut Isaac Le Maire qui avait une fortune considérable et avait donné à son fils Jacques les conseils et les moyens d'entreprendre une navigation qui a immortalisé son nom. En parlant de celui-ci, la biographie universelle de Michaud, T. 24, publiée à Paris en 1819, s'exprime en ces termes: Jacques Le Maire, navigateur hollandais, devenu cé!èbre par la découverte du détroit qui porte son nom (1615), était fils d'un négociant très-entreprenant nommé Isaac Le Maire, habitant d'Egmont près d'Alkmar.

La femme d'Isaac Le Maire se nommait Catherine de Beaumont 1).

Avant de partir pour l'Espagne, PIERRE LE MAIRE (fils de Jacques-Jean et de Catherine de Bary), s'adressa au magistrat de Tournay à l'effet d'obtenir une attestation de la noblesse de sa mère. Ce certificat ou acte de notoriété fut délivré le 5 novembre 1597 par les prévôts et jurés de cette ville 2).

5. ANNE DE BARY, mariée à LOUIS ZIVERT, portant: *Coupé: en chef d'or un lion de gueules; en pointe, d'argent à une rivière de sinople posée en fasce, sur laquelle nagent 3 canes de sable becquées de gueules.*

Ils eurent 3 enfants :

1. Barbe Zivert, mariée à Jean de Calonne.

1) Plusieurs biographes ont confondu Catherine de Beaumont, issue d'une famille patricienne de Tournay, avec sa belle-mère Catherine de Bary.

2) La famille Le Maire était déjà établie à Tournay vers le milieu du 14e siècle. Bozière leur donne pour armoiries : *D'argent au lion de sable armé et lampassé de gueules, acc. de 3 croisettes pattées de gueules, deux en chef, une en pointe.*

2. Jean Zivert, marié à Marie le Blon.

3. Catherine Zivert, mariée à Louis de Bargibant, trésorier-général de Tournay, portant: *D'azur à la rose d'or, au chef de même chargé de 3 étoiles de gueules* 1).

6. JACQUELINE DE BARY, mariée à JACQUES MERCHIER, portant: *De gueules à 3 tours couvertes d'argent.*

7. AGNÈS DE BARY, mariée à JEAN DE ABERIA, gentilhomme espagnol au service de Don Juan d'Autriche.

8. MADELEINE DE BARY, née 1551, mariée à maître GUILLAUME DE CORDES, écuyer, seigneur de Ruwell, conseiller de Tournay.

La noblesse des de Cordes, portant: *D'or à deux lions de gueules adossés et surmontés d'une étoile de sable,* est attestée dans l'acte de notoriété susdit.

Bozière indique les armoiries de cette antique maison comme suit: *D'or à 2 lions adossés de gueules, les queues passées en sautoir, armés et lampassés d'azur.* — Cri d'armes: *cul à cul Waudripont.*

La branche cadette de Waudripont, en prenant le nom de la seigneurie de Cordes en Hainaut, adopta ces armes pour rappeler la vaillance de deux frères qui combattirent en lions les infidèles *tout ensanglantez et empourprez de sang, et enfin, après avoir esté trouvez gardant quelque pont ou passage, terrassez, morts par terre, dos contre dos.* (Légende de la famille) 2).

1) Jean de Bargibant fils de Louis, président du conseil souverain de Tournay, mort en 1674, eut l'honneur de complimenter Louis XIV lors de sa première entrée à Tournay, après le siége.

2) On voit un Baudouin, sire de Cordes, souscrire comme témoin un acte d'intérêt privé, en 1120. (Chotin.)

Hue de Waudripont accompagna Thierry d'Alsace à la 4e croisade en 1202.

Ce sont ses fils Thierry et Guy qui périrent en Palestine en défendant un pont.

XI. NICOLAS DE BARY, écuyer, *Maistre d'hostel à Mons. Jacques de Croy, Seigneur de Sempy, chevalier de la toison d'or*, fut marié à ADRIENNE DE BERTRANGLE, † 1606, portant : Ecartelé : *au 1 et 4 de gueules à 5 tours d'or 2, 1, 2 ; au 2 et 3 d'argent à la croix de gueules chargée de 5 coquilles d'argent, qui est de la Broye, et sur le tout un écusson d'argent fretté de sable.*

Remarquons que dans nos lettres testimoniales de 1597, il est affirmé que *lesdits de Bary, bon Enfant, de Clermés, Thiebegot, de Landas, Werquigneul, Joseph, Bertrangle et de Cordes sont tenus et reputés pour gentilshommes et damoiseaux et des plus anciennes familles de cette ville de Tournay.*

Adrienne de Bertrangle épousa en secondes noces Jean de la Bricque et en troisièmes Antoine de Marotte, écuyer.

Nicolas de Bary laissa un seul enfant : ANNE DE BARY, † le 2 août 1637, mariée à maître JEAN MEURISSE, seigneur de la Havrie, Ronneville et Moncheau, mayeur des finances de Tournay, † le 5 février 1635, fils de Nicolas et de Jeanne de Brabant.

Les Meurisse portaient : *De gueules au chevron d'or chargé d'un croissant acc. de 3 quintefeuilles, le tout d'or*, armoiries que l'on trouve sur la torche des damoiseaux de Tournay 1).

Rasse de Cordes, auteur de la famille de ce nom établie à Tournay, était le second fils de Otho de Waudripont. (Bozière.)

Jean de Cordes figure parmi les jurés de Tournay en 1280.

1) L'approbation du testament de maître Jean Meurisse, seigneur de la Havrie et de Demoiselle Anne de Bary, sa femme, eut lieu le 18 mai 1638.

Ils ont laissé 2 enfants :

1. Nicolas Meurisse, écuyer, seigneur de la Havrie, etc., qui mourut vers 1650, laissant un fils Adrien Meurisse, chevalier, seigneur de la Havrie, † après 1664.
2. Adrienne Meurisse, mariée à Jacques de Warignies.

Remarquons qu'un Gautier de Warignies, chevalier en 1182 de Baudouin V de Hainaut, mourut en 1191 en Palestine.

Nous revenons, à l'extinction des descendants de Martin Ier de Bary, à son frère puîné, Nicolas de Bary, dernier fils de Gilles de Bary, juré de Tournay en 1387, et de Maigne le Dam.

VII. NICOLAS DE BARY.

Né vers 1385, † 1420.

Colart de Bary, filz de feu Gilles, a relevé et juré sa bourgeoisie comme fils de bourgeois le 21 mai 1408.

Nicolas de Bary fut *échevin de St.-Brice* en 1418 et 1420.

Il est cité en 1400 dans le testament de Maigne le Dam, sa mère, avec ses frères Jean et Martin de Bary, et en 1415 dans le testament de son frère Antoine de Bary.

En 1420, il est cité comme tuteur de son neveu Jacques de Bary, fils de Martin et de Maigne de Brabant.

NICOLAS DE BARY fut marié à MARIE D'ESPIERRE, † avant 1421, fille d'Evrard d'Espierre, portant: *D'argent à la croix de gueules,* et de Maigne au Toupet, portant: *De .... à 3 fleurs de lys de ...., à la hure de sanglier en abîme* 1).

Ainsi que les Radou, sires de Mortagne, châtelains de Tournay, dont ils étaient issus, les d'Espierre, les de Nivelle et les de Croix criaient: Tournay 2).

Dans son histoire de Tournay, Poutrain donne la généalogie des châtelains de Tournay, commençant par Gerulf en 968.

1) Blasonné d'après un sceau des archives de Tournay, de 1407.

Michel au Toupet fut conseiller de Tournay en 1332. — Jean au Toupet fut mayeur des échevins de St.-Brice en 1426.

2) Les armoiries de ces quatre maisons ne différaient que par les émaux, Mortagne et Nivelle portant: *de gueules à la croix d'or,* tandis que d'Espierre portait comme ci-dessus, et de Croix: *d'argent à la croix d'azur.*

Evrard Radou Ier, étant quatrième châtelain et prince de Tournay en 1093, fit la guerre à Robert, comte de Flandre, qui prétendait lui enlever la souveraineté de cette ville, et il le mit à la raison avec le secours des Tournaisiens. En 1095, ces deux princes se croisèrent, et l'année suivante ils partirent pour la Terre-Sainte. Evrard Radou Ier s'était emparé du château et de la seigneurie de Mortagne.

Evrard Radou IV, neuvième châtelain de Tournay et sire de Mortagne en 1213, avait épousé en premières noces Elisabeth, fille d'Englebert, sire d'Enghien, et d'Adeline, fille du seigneur Jacques d'Avesnes ; elle lui donna Arnould, qui fut son successeur à la châtellenie de Tournay et à la seigneurie de Mortagne.

Baudoin d'Avesnes, auteur contemporain, ajoute que la femme d'Evrard Radou IV étant morte, il se remaria à la fille de Roger, châtelain de Courtray, dont il eut Michel de Mortagne qui mourut jeune, Roger, seigneur d'Espierre, qui fut chef de cette famille, et Arnould, seigneur de Nivelle (près Gand).

Richard d'Espierre mourut à Crécy en 1346 1).

Par leur testament de 1421, Evrard d'Espierre et Maignè au Toupet, sa femme, ordonnent que le jour des funérailles de celle-ci, il soit distribué 12 rasières de blé converti en pains, aux pauvres des 12 paroisses de la ville (distribution considérable pour l'époque). Ils parlent de la femme d'Evrard

1) Poutrain cite en 1279 Jean, chevalier, seigneur d'Espierre, probablement fils aîné de Roger, premier seigneur d'Espierre.

En 1342, Marie d'Espierre cite dans son testament : Jean d'Espierre, son frère ; Pierre d'Espierre, son frère ; *Dame Kate*, sa sœur ; Isabelle d'Espierre, Jean de Mortagne, Isabelle de Mortagne, dame de Rumes, Marguerite de Rumes, Gilles Galait, Catherine Walopine, fille de Jean Walopin, Marie de Pech et Marguerite de Landas, auxquels elle fait divers legs.

Gérard d'Espierre cite dans son testament de 1408, Evrard, Jeanne et Agnès d'Espierre, ses frère et sœurs d'Espierre, leur neveu, de Hennette d'Espierre, leur fille, et des enfants de « Colart de Bary, qu'il eut de leur fille, Marie d'Espierre ».

NICOLAS DE BARY et MARIE D'ESPIERRE, sa femme, eurent 4 enfants :

1. JEAN DE BARY, qui suit.
2. ANNE DE BARY.
3. GASPARD DE BARY.
4. JACQUES DE BARY.

Ces trois derniers sont cités en 1421 comme enfants mineurs dans les deux actes suivants (archives de Tournay):

24 septembre. *Gilles Senescal, Andrieu Marchant et Jaquemart Blanpain doivent 150 écus d'or appartenant à Annechon, Jaspar et Haquinet de Bary, enfans meuredans de feu Colart de Bary et de feue Demisielle Marie d'Espière, venant de la vendue des biens meubles, or et argent desdits défunts.* (Consentants : Jehan Maselaine et Thomas de Morcourt, tuteurs desdits enfants.)

30 octobre. *Jehan de Douchi, Jehan de Morcourt et Alixandre d'Erquisies doivent cent écus d'or à Jaspar, Annechon et Haquinet de Bary, enfans meuredans de défunts Colart et Demisielle Marie d'Espière, venant ladite somme de certain don que fit auxdits enfants Jehan de Bary, leur oncle.*

VIII. JEAN DE BARY (Ier du nom en ligne directe).

Né vers 1410, † vers 1475.

Dans nos extraits des registres aux achats et reliefs de bourgeoisie, nous trouvons que

1° *Jehan de Bary, fil de feu Colart* a relevé et juré sa bourgeoisie comme fils de bourgeois né en bourgeoisie le 22 février 1443 ;

2° *Jehan de Bary, fil de feu Collart,* a racheté *se bourgesie* le 15e jour de décembre 1462.

Jean de Bary fut:

Juré de Tournay en 1443 et 1444;

Echevin de St.-Brice en 1445;

Ewardeur à St.-Brice en 1446.

De 1436 à 1461, il fut membre de la confrérie des Damoiseaux de Tournay et cette dernière année, il est mentionné comme « de dehors » ce qui fait supposer qu'il s'était retiré dans une terre, celle de Mourcourt sans doute, où nous voyons vivre en gentilhomme campagnard son fils Martin en 1515.

Le damoiseau Jean de Bary figura aux tournois de l'épinette à Lille en 1435, 38, 47 et 56 1).

Au tournoi de 1435, ce gentilhomme portait: *De gueules à 3 testes de barbeaux d'argent. Timbre: l'issant d'un griffon d'or,* armes qui furent mises au parquet du tournoi.

Nos archives contiennent un acte original auquel est appendu le scel en cire verte de Jehan de Bary, témoin à titre *d'homme de franc alleu* au comté de Hainaut. Il s'agit d'un acte de vente passé le 31 décembre 1464, d'une pièce de terre à Gaurain. L'écu *de . . . . à 3 têtes de barbeau* timbré d'un casque posé de 3/4 et les lettres *S. Jehan* sont bien marqués, mais les supports et le nom sont, les premiers peu distincts et le second invisible, le scel étant brisé à gauche.

Suivant un extrait des registres des cautions des deniers d'orphelins (échevinage de St.-Brice): Le 16 août 1465 *Jehan de Bary, Sire de Gilles de Loyaucourt et Martin de Bary doivent 43 livres appartenant à Haquinet de le Haye* 2).

Dans le même extrait nous trouvons, sous la date du 11 août 1474, l'acte que voici:

1) Attestation de M. B. C. du Mortier du 15 novembre 1874.

2) Ce Jacques de la Haye était, à ce que nous supposons, fils d'Arnould et de Jeanne de Bary.

Jehan de Bary, Martinet de Bary, son fils et Jehan du Casteler 1) *doivent 54 livres tournois qui sont deniers appartenant à Janin, Jaquet et Piérot de Bary, enfans dudit Jehan qu'il eut de feue demoiselle Catherine Fachon, sa femme, fille de feu Jehan Fachon et de demoiselle Agnès Buridan, sa femme, pour leur part de la somme de 80 livres tournois à l'encontre dudit Martinet, leur frère, à titre de certain traité et accord fait et passé par devant Messieurs Prévôts et Jurés de Tournay, d'entre les tuteurs desdits enfants et les exécuteurs du testament de feu Jehan de Werquignoel qui fut fils de ladite demiselle Agnès Buridan et de feu Mathieu de Werquignoel, ledit Jehan demi-frère à ladite Catherine du côté de la mère.*

Les archives de Tournay contiennent trois testaments de demoiselle Agnès Buridan, veuve en premières noces de Jean Fachon et en secondes de Mathieu de Werquigneul.

Dans le premier, du 10 juillet 1448, la testatrice cite Pierre et Jacques de Werquigneul, ses fils; Catherine Fachon, sa fille, épouse de Jean de Bary; Anne de Bary, fille de ces derniers. Elle lègue à ladite Catherine Fachon, les fiefs et biens venant de son père et situés aux villages de Rameignies, Templeuve et dans la ville de Tournay.

Dans le deuxième testament du 29 mai 1460, Agnès Buridan parle des enfants de Jean de Bary et de Catherine Fachon *qui fut ma fille.*

1) Nous trouvons les du Chasteler en rapports constants avec les de Bary à Tournay et nous supposons qu'ils étaient alliés.

En 1274 déjà, Evrard du Chasteler figure dans nos documents de famille comme créancier de Jean et Wiart de Bary dits Marselle.

Gilion dou Casteler est cité à Tournay en 1287.

Sire Jean du Chasteler, chambellan du roi, fut gouverneur de Tournay en 1332.

On a vu que Jacques du Chasteler était en 1429 tuteur de Jacques, fils aîné de Martin Ier de Bary.

Les du Chasteler portaient: *De gueules à 6 châtelets d'or, aux portes d'azur, mis en orle, 3, 2, 1.* (Miroir armorial de Créteau.)

Le troisième testament du 15 avril 1472 ne fournit aucun autre renseignement que celui du décès récent de cette dame.

JEAN DE BARY fut donc marié à CATHERINE FACHON, née 1424, † avant 1460, fille de Jean, † 1426, et de Agnès Buridan, † 1472.

Jean Fachon, ainsi que Martin de Bary et Jean au Toupet, figure parmi les magistrats et les notables de Tournay qui, le 28 novembre 1421, ont contribué à l'achat des rentes sur la ville pour le payement de 2000 couronnes au duc de Bourgogne.

Lors des troubles qui agitèrent Tournay vers 1426, Lothaire de Willeries, Arnould le Muisy, Jean Fachon et autres furent décapités comme conspirateurs 1).

Agnès Buridan était issue de la noble maison de ce nom, portant : *D'argent au chevron de gueules acc. de 3 écrevisses de sable.* Cri d'armes : *Tournay* 2).

Jean de Bary et Catherine Fachon, sa femme, eurent 5 enfants :

1. ANNE DE BARY, née avant 1448.
2. MARTIN DE BARY, qui suit.
3. JEANNE DE BARY, citée en 1474.
4. JACQUES DE BARY.

Un Jacques de Bary, demeurant à Mourcourt, est cautionné le 12 juillet 1525 par Jean de Moulembaix (ou Moulbaix) 3).

1) Jean Cousin, histoire de Tournay, imprimée en 1620.

En 1337, nous trouvons un Jacques Fachon échevin de St.-Brice et en 1345 un Mathieu Fachon, son frère, remplissant les mêmes fonctions.

En 1402, un Jean Fachon est assassiné par Jean de Hollay.

2) Aubert Buridan était vers 1370 marié à Catherine de Brielle.

Jacques Buridan fut marié à Maigne Morielle avant 1576.

Jeanne Buridan épousa Jean IV de St.-Genois.

3) Moulbaix est une commune du Hainaut. Hughes de Moulbaix se croisa en 1203.

Hellin de Moulbaix, sire de Moulbaix, vivait en 1224.

5. PIERRE DE BARY, que nous retrouverons à l'article suivant.

IX. MARTIN DE BARY (IIIe du nom).

Né vers 1456.

Il mourut avant le 17 novembre 1520.

Le 5 juin 1477, à la tombée de la nuit, eut lieu près du cimetière de l'église St.-Brice un combat singulier des plus acharnés entre dix jeunes gens appartenant pour la plupart aux premières familles de Tournay. Presque tous y furent blessés plus ou moins grièvement et l'un d'eux, nommé Jean Baignart, étant mort quelque temps après du grand coup d'estoc qu'il avait reçu dans la poitrine, les prévôts et jurés durent charger leur procureur général de poursuivre l'affaire criminellement.

Cependant ni le moribond, ni Gilbert Lefèvre, *navré de trois playes, l'une en péril de mort et les deux aultres en péril d'affolure*, ni Mathieu du Breucq, *navré d'une playe en péril d'affolure*, n'ayant consenti à révéler les noms de leurs adversaires et Tournay étant alors en pleine guerre avec les Flamands, ce n'est que plus de deux ans après ce duel mémorable que l'information put être terminée.

La rencontre avait eu lieu entre Martin et Pierre de Bary, fils de Jean, Rolequin, bâtard de Bary (fils de sire Martin), Pierre de le Motte, dit Hustin, et Jacques de Quinghien d'une part ; et Mathieu de le Motte, dit Hustin, Jean Baignart, Gilbert Lefèvre, Nicolas Briefman et Mathieu du Breucq, d'autre part.

Martin de Bary vint se constituer prisonnier et prouver que ledit Baignart avait été l'adversaire de Rolequin de Bary et non le sien ; mais il n'en fut pas moins banni à perpétuité de la ville, quitte à payer une forte amende et à se rendre en pèlerinage *à Saint Jaques de Galice.*

Son frère Pierre de Bary, après avoir été condamné à la même peine, quitte à faire un pèlerinage *à le Magdelaine des désers*, fut gracié.

Pierre de le Motte fut également banni quitte à aller en pèlerinage *à Notre Dame de Rochemadour*.

Quant audit Rolequin, empêché par le service du roi de comparaître, le jugement, publié le 25 janvier 1479 (1480, n. st.) porte que *pour révérence de son appel (à la court de parlement) et de la Court souveraine, nous ne y touchons quant à présent* 1).

Martin de Bary est de nouveau mentionné à Tournay dans l'acte suivant de 1488 :

Le darrain jour de décembre l'an mil IIIJ C IIIJ^{XX} et huit, pardevant Sire Simon de Clermés, Prévost, comparurent Martin de Bary, fil de feu Jehan, d'une part — et Gossuin Derbaudrenghien dit de Boulongne 2), *d'autre. Lesquels, du procès pendant entre eulx indécis par devant les eschevins de Saint Brixe et du Bruille en Tournay, auquel ledit Martin fait demande audit Gossuin de nœf livres flandres, des despens d'iceluy procès et des circunstances et deppendances, se sont submis et rapportez audit ordonnance, appointement et sentence arbitraire de Sire Gilles de Loyaucourt, arbitre prins par chacune desdites parties, etc.*

1) Extrait du registre de la loi (années 1472-1489) conservé aux archives de Tournay. — Voir aux appendices.

Les de Quinghien (*d'argent à 4 chevrons de gueules)*, et les du Breucq (*de sinople à la bande d'argent chargée de 3 doloires de gueules*) appartenaient à la noblesse équestre du Hainaut.

Les de le Motte (*d'argent à 3 hamaides de sable*) comptaient parmi les plus anciennes familles nobles du Tournaisis.

Les Lefèvre (*d'or à là croix de gueules chargée d'une étoile à 6 rais d'or et cantonnée de 4 quintefeuilles d'azur*) occupèrent dès le 14e siècle un rang distingué à Tournay.

Quant aux Baignart et aux Briefman, leur origine nous est inconnue.

2) Il est à supposer que Gossuin der Baudringhien était, ainsi que Martin de Bary (fils de Jean), parent de sire Gilles de Loyaucourt.

Suivant lettres passées le 30 août 1515 par devant les gens de loi de Mourcourt, *il appert Martin de Bary, demeurant audit Mourcourt, avoir baillé à titre d'arrentement à Simon Fierassis plusieurs parties d'héritages pour et moyennant 60 sols tournois par an, avec un record de loi* 1).

Dans un acte 2) du 27 novembre 1520, il est question d'un pré à Mourcourt, appartenant à la veuve et aux hoirs de Martin de Bary.

MARTIN DE BARY fut marié à ......, dont 2 fils :

1. ANTOINE DE BARY, qui suit.

2. N. DE BARY, dont le prénom nous est inconnu. Il laissa 2 fils :

A. LOUIS DE BARY, † après septembre 1575, date de son testament.

En outre de nombreux biens situés à Havines, Mourcourt, Arcques, Herquegnies, Dergneau, Watripont, Orcq, Bizencourt et Anserœul, sans parler de maisons à Tournay, Louis de Bary possédait la maison et cense (ferme) de Morinpret située à Anserœul *sur une motte enclose d'eau* et tenue en fief du seigneur de Ghemeignies.

LOUIS DE BARY fut marié 1° à MARIE BÉLIER, fille d'Antoine et de Marie du Pré, dont un fils Pierre de Bary ; 2° à MARIE DE WEZ, dont 2 filles, Antoinette et Françoise.

Le traité de mariage entre Louis de Bary et Marie de Wez fut passé pardevant tabellions royaux ordonnés à Tournay le 27 mars 1543.

Dans des lettres passées le 12 juin 1553 devant les gens de loi et *hommes de francqs allœux* gisant au pays de Hainaut,

1) La ferme du Bruille à Mourcourt, que nous voyons figurer dans le détail des biens composant la succession de Louis de Bary, petit fils de Martin, consistait en maison, grange, étables, colombier, fossés, jardins, prés, pâturages, terres labourables et héritages, le tout d'une contenance de vingt bonniers.

2) Original aux archives de Guebwiller.

il appert Monsieur Me Loys de Barry, prebtre, chanome de l'église collégiale de St. Hermez à Renaix avoir vendu à Louis de Bary 12 livres de rente 1).

Suivant chirographes du 4 octobre 1572, Antoine de Bary vend à Louis de Bary (son neveu) le bois Moreau à Mourcourt et 12 *hotteaux* d'avoine de rente par an, dus par une terre à Mourcourt.

Louis de Bary laissa donc un fils:

PIERRE DE BARY, reçu bourgeois de Tournay en 1618, échevin de St.-Brice en 1618, 1623, 1630 et 1634, marié à GILLETTE VARLOT.

En 1644, ils testent en faveur de leurs 5 filles, comme paroissiens de St.-Brice. Ces héritières étaient:

a. Marie de Bary, qui eut le fief de Morinpret à Anserœul et d'autres terres et rentes.

b. Gillette de Bary, mariée à Denis Vandalle, portant: *D'azur à 3 étoiles d'or.* Parmi les magistrats de Tournay en 1739, on voit figurer un Denis-Joseph Vandalle.

c. Françoise de Bary, mariée à Nicolas Grau, † av. 1674, portant: *D'azur à 3 griffes de lion d'or, 2, 1,* dont 2 enfants: Paul et Madeleine Grau.

d. Jeanne de Bary, mariée à Caron Odolf, dont un fils, Jean Odolf, et une fille, Gillette Odolf.

Celle-ci fut mariée à Maximilien de Vangermez, portant: *D'azur à l'épée d'argent, garde et poignée d'or, posée en fasce, la pointe à senestre, acc. de 3 étoiles à 6 rais d'or, deux et une* 2). (Bozière.)

Jean Odolf fit partie de la magistrature tournaisienne de 1650 à 1656.

1) Nous n'avons pas trouvé d'autres traces de Me Louis de Bary, prêtre et chanoine à Renaix.

2) Maximilien de Vangermez, écuyer, seigneur de Léaucourt, † 1727, fils de Maximilien et de Gillette Odolf, fut marié à Marie Scorion qui lui apporta cette seigneurie.

e. Madeleine de Bary, religieuse à l'hôpital de Marvis en 1657.

Les exécuteurs testamentaires de Pierre de Bary et de Gillette Varlot, sa femme, furent : Sire Jean Haccart, chevalier, seigneur du Ponthois, grand-prévôt de Tournay, Denis Vandalle, leur beau-fils, et Maximilien de Wangermez, leur petit-fils.

B. JEAN DE BARY, cité dans le testament de son frère Louis, du 27 septembre 1575.

X. ANTOINE DE BARY (IIe du nom).

Né 1492, † avant 1578.

Le 28 mai 1547, Antoine de Bary, fils de feu Martin, *Juré de nouvel créé en loy, a acheté la bourgoisie de la ville comme estant du serment Saint Meurisse pour XX^{s} livres tournois.*

Par acte du 12 janvier 1572, Antoine de Bary, bourgeois de Tournay, demeurant en la paroisse de St.-Pierre, fait donation : 1° à Louis de Bary, son neveu, demeurant en la paroisse de St.-Brice, d'une maison avec dépendances située en la rue du puits Baudouin l'eau ; 2° à Caron Cocquiel, dit Le Mercier 1), demeurant en la rue St.-Martin, d'un héritage situé dans la même rue.

Le 15 juillet 1575, Antoine de Bary fait donation au même Caron Cocquiel d'une part en la cense du Croquet à Rumegnies.

Par testament du 18 juillet 1575, Antoine de Bary institue son neveu Louis de Bary son héritier universel, dans le but, sans doute, de faire sauvegarder par un membre de sa famille, resté catholique, les intérêts de ses enfants protestants forcés d'émigrer.

1) Caron Cocquiel, qui figure parmi les magistrats de Tournay en 1578, devait être beau-frère ou neveu d'Antoine de Bary.

ANTOINE DE BARY fut marié à PHILIPPINE COCQUIEL, DIT LE MERCIER, née 1509 1).

Les Cocquiel, portant : *D'argent à 3 feuilles de trèfle de sinople, 2 et 1, au chef de gueules chargé d'un lion léopardé d'or* (Bozière), s'établirent au 14e siècle à Tournay, où ils occupèrent un rang élevé et s'allièrent aux Localin, Scorion, des Maistres, de Viscre, etc. Leur noblesse était ancienne ; elle fut constatée longtemps avant les lettres patentes délivrées en 1521 et en 1539 par Charles-Quint et Christiern II, roi de Danemark, aux deux frères Michel et Nicolas Cocquiel, fils de Caron, et de Jehenne Carpentier (dit du Bos) 2).

Dans les comptes du droit d'écart ou d'issue qui existent aux archives de Tournay, droit dû par les étrangers qui emportaient des meubles de cette ville, ou par les Tournaisiens qui allaient fixer leur résidence à l'étranger, nous voyons ce qui suit :

Compte de 1563 à 1564 : *De Anthonne de Barry, bourgeois de la dicte ville, pour l'escarsaigne du port de mariaige de Jehan et Jacques de Barry, ses enfants, a esté receu, par accord fait le vingt cinqe jour du mois de may soixante quatre, la somme de IIIJxx XVJ L.*

Compte de fin de mai 1576 à fin de mai 1577 : *De Lors et Jacques de Barry, frères, demorans en la ville de Coulongne* 3), *eulx faisans fors de leurs frères et sœurs, sçavoir est Jehan, Guillaume de Barry, Laurens Mathieu, bail et mary de Marye de Barry, et Eustache Vignon, et Ysabelle* 4)

1) Suivant le généalogiste Galiffe de Genève, *Philippine Cocquiel dite Le Mercier était probablement sœur de Marie Mercier dite Cocquiel, femme de Jean de Maîtres, d'Anvers, et cohéritière de Barbe Mercier, femme de Pierre Courten, de Londres, qui laissa 72,000 thalers.*

2) Extrait de « la magistrature tournaisienne » par M. H. Vanden Brœck, archiviste de Tournay.

3) Cologne.

4) Ou Elisabeth.

de Callonne, vefve de Martin de Barry, pour la vente par eulx faite de la huytiesme partie avecq tout tel autre droit qu'ilz auroient en une maison, terre à labeur et héritaige contenant trois bonniers ou environ séant à Rumégnies, pour le prix de cent et dix livres de gros, a esté receu pour le droit d'escart la somme ycy de . . . . LXVJ L.

Compte de fin de mai 1577 à fin de mai 1578: *De Loys et Jacques de Barry, frères, tant en leurs noms privez que au nom de leurs frères et sœurs héritiers de feu Anthoine de Barry, pour le droit d'escart des biens meubles délaissez et pour telz réputez, tant rentes héritières que viagières, par ledit feu Anthoine de Barry, a esté receu, suyvant la convention par eulx faite avecq Messieurs Prevostz et Jurez, la somme ycy de . . . . V^C L.*

ANTOINE DE BARY et PHILIPPINE COCQUIEL, DIT LE MERCIER, sa femme, eurent 7 enfants:

1. MARTIN DE BARY (IVe du nom).

Refugié à Francfort s/M. avant 1571, † avant 1576.

Martin de Bary, de Tournay, jura la bourgeoisie de Francfort s/M. le 20 juillet 1570. Il fut diacre de l'église wallonne de cette ville en 1572 (Extraits des registres de cette église, conservés dans nos archives).

Il fut marié à ELISABETH DE CALONNE, fille d'Olivier de Calonne, portant: *D'hermine au léopard de gueules.*

Plusieurs membres de l'antique maison de Calonne se sont illustrés au service des rois de France; citons: Gauthier de Calonne, chevalier en 1337 (bataille de Cassel), Bernard de Calonne, écuyer (même bataille) 1).

1) Pierre, chevalier, sire de Calonne, vivait en 1241. Il était probablement fils de Eustache de Calonne, marié vers 1190 à Manisinde d'Antoing. Pierre eut un fils nommé Bernard, † avant 1271, marié à Marie.....

Olivier de Calonne, † avant 1599, eut trois filles, citées dans un acte du 17 juin de cette année, existant aux archives de Tournay :

A. Jeanne de Calonne, mariée à Pierre de Gauley, † av. 1599;

B. Elisabeth de Calonne, mariée à Martin de Bary;

C. Catherine de Calonne, veuve de Jean le Cocq, remariée avant 1599 à Jean van den Abelle.

Cet acte fait mention de : 1° *Demiselle Jehenne de Calonne vefve de Pierre de Gauley*, demeurant à Tournay ; 2° Jean le Cocq, marchand, fils de feu *Sr Jean et de Catherine de Calonne ;* 3° *Jean de Bary fils de feu Martin et d'Elisabeth de Calonne ;* 4° Jeanne de Bary, fille de ces derniers, sœur de Jean, mariée à Jacques de Zettre ; 5° Catherine de Calonne, *ci devant vefve de Jean le Cocq et à présent femme à Jean van den Abelle ;* 6° Jacques de Bary, frère de Jean et de *damoiselle Jehanne de Bary*, enfants de feu Martin et de damoiselle Elisabeth de Calonne, fille de feu Sr Olivier de Calonne.

Le dit acte est accompagné d'une procuration donnée à Francfort s/M., la même année, par *l'honnest homme Jean de Bary*, majeur et marié, pour lui-même, pour Jacques de Bary, son frère absent, et *pour damoiselle Jehanne de Bary assistée et authorisée du Sr Jacques de Zettre, son mari et époux, lesdits, enfants de damoiselle Elisabeth de Calonne* 1).

Denis de Calonne fut député par Tournay au roi à Bourges en 1425.

Sire Jean de Calonne fut prévôt de Tournay en 1557.

Le ministre de Calonne était fils de Louis-Joseph, conseiller au parlement de Douai. (Bozière.)

1) Cette procuration donnait pleins pouvoirs à Jean le Cocq de se rendre à Tournay et *illecq besongnier et liquider avecq Sr Pierre de Gauley touchant l'administration que par cidevant il a eu des terres, rentes, maisons et héritages et aultres biens quelzconques qu'entre eulx avecq ledit Pierre de Gauley sont commis et indivis gisans en ladite ville de Tournay et aux environs d'icelle délaissez et succédez de feu Ollivier de Calonne, père desdites Elisabeth, Catherine et Jehenne de Calonne, bonne mémoire, etc.*

MARTIN DE BARY et ELISABETH DE CALONNE, sa femme, eurent 3 enfants:

A. JEAN DE BARY, né à Francfort s/M. en 1571 1), s'établit avant 1624 à Genève où il mourut avant 1643 2).

Il épousa en 1596 MARIE TILLIER, † 1653, fille de Pierre Tillier, patricien génevois, et de Catherine Meslée. Son cousin, noble Pyrame de Candolle, lui servit de témoin à son mariage.

Le 5 février 1603, Jean de Bary vend pour son frère et pour leur belle-mère commune, dame Catherine Meslée, veuve de Pierre Tillier, des biens sis à Tours, à noble homme Pierre Ancher, seigneur de Cerizoy, et demoiselle Madeleine Meslée, sa femme. (Galiffe.)

Noble Jean de Bary, marchand de soie, était en 1625 associé de René Baulacre.

Jean de Bary et Marie Tillier, sa femme, eurent 6 enfants:

a. Anne de Bary, mariée en 1618 à Jean Bordier, patricien génevois.

b. Marie de Bary, mariée en 1620 à *Spectable* Nicolas Wedel, professeur à l'académie de Genève.

c. Jeanne de Bary, mariée en 1634 à noble Etienne Lullin. Elle testa en 1638.

d. Jean de Bary, né en 1613.

e. Daniel de Bary, né en 1616, bourgeois de Genève, mort en 1658, marié en 1636 à Sara Lullin, fille de noble N. Lullin et veuve de noble Pierre Dausse.

f. Elisabeth de Bary, née 1618, mariée en 1654 à noble Abraham Chabrey, seigneur du Brassus (Vaud), † 1676 3).

1) Extraits des registres de l'église wallonne de cette ville.

2) Nous devons à l'obligeance de Mr Galiffe de Genève, un extrait des *Généalogies génevoises* établies par feu son père avec une scrupuleuse exactitude. Ce travail nous renseigne parfaitement sur la descendance de Martin de Bary et de Elisabeth de Calonne, éteinte à Genève vers la fin du 17e siècle.

3) Généalogies génevoises de Galiffe.

B. JACQUES DE BARY, né à Gœrck au pays de Clèves en 1574, † à Genève le 8 décembre 1654.

Il fut reçu bourgeois de Genève en 1624 avec ses 4 fils.

Il épousa en 1601 CATHERINE TILLIER, belle-sœur de son frère Jean de Bary. Elle testa en 1635.

Noble Jacques de Bary fut assisté, à son mariage, de son frère et de noble Jean Lullin, son associé pour le commerce de la soie. (Galiffe.)

Jacques de Bary et Catherine Tillier eurent 5 enfants :

a. Pyrame de Bary, qui eut pour parrain noble Pyrame de Candolle.

Il se fixa à La Haye vers 1630.

En 1650, Noble Jacques de Bary, bourgeois de Genève, fils de feu Noble Martin, transféra par acte authentique à Noble Pyrame de Bary, son fils aîné, résidant à La Haye en Hollande, ses prétentions sur les fiefs, héritages, seigneuries, rentes, possessions, tènements, etc., délaissez par feu Noble Antoine de Bary et Philippa Cocquielle dite Le Mercier, son épouse, ses ayeul et ayeule, en vertu du testament desdits défuns, dont il a déjà été saisi par transport du 1er mai 1631, en considération que depuis 25 ans il ne lui a rien coûté et n'a rien eu de lui, toujours absent 1).

b. Jean de Bary, né 1612, mort très-jeune.

c. René de Bary, né 1615, absent de Genève en 1649.

d. Pierre de Bary, né 1618, également fixé à l'étranger en 1649.

e. Nicolas de Bary, marié en 1658, à Sacconex près Genève, à Sara Blondin 2).

C. JEANNE DE BARY, mariée avant 1599 à JACQUES DE ZETTRE.

1) Renseignement fourni par M. Galiffe.

2) Les familles Lullin, Chabrey, de Candolle, Dausse, Vignon, Tillier, Meslé, Blondin, Bordier, Piaget et Mallet étaient comptées aux 16e et 17e siècles parmi les meilleures de Genève. (Note de M. Galiffe.)

2. LOUIS DE BARY, qui suit.

3. ANNE DE BARY, mariée en 1573 à EUSTACHE VIGNON, patricien génevois 1), dont 2 filles :

A. Anne Vignon, mariée en 1591 à noble Pyrame de Candolle.

B. Marie Vignon, mariée en 1598 à noble Jean Lullin, conseiller de Genève.

4. JEAN DE BARY, réfugié à Franfort s/M., dont il jura la bourgeoisie en 1570 et où il fut diacre et ancien de l'église wallonne en 1570, 71, 77 et 84. † 1585. Il laissa un fils :

JEAN DE BARY, reçu bourgeois de la même ville en 1591 *comme fils de bourgeois*. Ce Jean de Bary, fils de Jean, fut diacre de l'église wallonne en 1601. † 1604.

Il avait épousé en 1595 ANNE DE LABERS, fille de Jean de Labers, à Francfort.

5. JACQUES DE BARY.

Nous avons vu plus haut qu'il était en 1564 marié, et en 1576 réfugié à Cologne, ainsi que son frère Louis.

6. GUILLAUME DE BARY, marié à RACHEL . . . . , dont un fils JEAN, né le 20 septembre 1587 à Francfort.

7. MARIE DE BARY, née 1545, mariée à LAURENT MATHIEU.

XI. LOUIS DE BARY.

Né à Tournay vers 1530.

† à Francfort le 26 octobre 1597.

Sa veuve mourut le 14 novembre suivant.

Réfugié à Cologne en 1576, il reparaît dans sa patrie, à Mons, en 1582, d'où il alla se fixer à Francfort s/M. en 1583.

1) Un Jean Vignon figurant en 1477 parmi les jurés de Tournay, nous supposons que les Vignon de Genève sont originaires de la première ville.

Il devint bourgeois de cette dernière ville en 1588 comme *Louis de Bary, de Mons.*

Il fut diacre et ancien de l'église wallonne de Francfort en 1585, 89, 93 et 95.

Dans les généalogies génevoises de Galiffe, *Noble Louis de Bary* est mentionné comme *frère de Noble Martin de Bary* et *fils de Noble Antoine de Bary, de Tournay en Flandre.*

Louis de Bary, marié à . . . . , eut 3 fils :

1. JEAN DE BARY, qui suit.

2. PIERRE DE BARY, qui suivra ci-après, XII bis.

3. JACQUES DE BARY.

Il se fixa à Hanau.

En 1590, il épousa à Francfort MARIE . . . .

Jacques de Bary se trouvait en 1614 à Amsterdam comme armateur, associé de son frère Pierre de Bary, conseiller de Hanau.

XII. JEAN DE BARY (IIe du nom en ligne directe).

† le 19 avril 1611 à Francfort.

En 1598, il jura la bourgeoisie de cette ville comme *fil. civ. sed hic non natus* 1).

Il fut diacre de l'église wallonne en 1602, et nous le trouvons inscrit pour ces fonctions honorifiques sous la dénomination de *Jean de Bary fils de Louis de Bary.*

1) Jean de Bary, fils de Louis, qui naquit probablement à Cologne vers 1575, ne doit pas être confondu avec son cousin Jean de Bary, fils de Jean, mort en 1604 à Francfort aussi, dont il avait juré la bourgeoisie en 1591 comme fils de bourgeois (et né en bourgeoisie, bien entendu.)

La négligence avec laquelle les registres de l'église wallonne de Francfort ont été tenus de 1570 à 1624, explique les erreurs existant dans notre généalogie précédemment établie sur preuves insuffisantes.

Il épousa à Francfort, le 15 octobre 1597, MARIE THOMAS, fille de Léonard Thomas.

La position de cette famille nous est inconnue, mais comme nous avons eu à citer en 1353 à Tournay *Jehan Thumas*, mari de *Jehane de Bari* (c'est-à-dire de Maulde) 1) *suer Aelis de Fiernet ki fu femme Lotart Puignait dit de le Tourbe*, il est à supposer que les Thomas de Francfort étaient des réfugiés tournaisiens.

Jean de Bary et Marie Thomas, sa femme, eurent 6 enfants:

1. DANIEL DE BARY, né 1599, marié en 1623 à JEANNE DE GROLL à Francfort s/M., dont un fils CORNÉLIUS né 1624.
2. SAMUEL DE BARY, né 1604.
3. JEAN DE BARY, qui suit.
4. PIERRE DE BARY, né 1608.
5. JACQUES DE BARY, né 1610, mort la même année.
6. HENRY DE BARY, né 1611, le 17 novembre (donc fils posthume).

XIII. JEAN DE BARY (IIIe du nom en ligne directe).

Né à Francfort s/M., le 6 avril 1606, il se fixa en 1624 à Bâle 2), dont il devint bourgeois en 1633 3) et où il mourut en 1684.

1) Nous avons vu que Marie de Bary eut de Jean de Maulde, † avant 1313, trois filles: Marie, Jeanne et Isabelle de Maulde et que cette Marie de Bary se remaria avec Nicolas de Fiernet, dont une fille Alice, ainsi sœur utérine des trois susdites demoiselles de Maulde-Bary.

2) Lors de son arrivée à Bâle, Jean de Bary y apporta une très-belle copie sur parchemin des lettres testimoniales de 1563 et 1597, en possession aujourd'hui de M. Jean de Bary-Burckhardt, chef de la branche de Bâle.

3) Dans son histoire de la ville de Bâle parue en 1796 (t. VI, p. 805), Ochs dit au sujet de la réception de Jean de Bary à la bourgeoisie de cette ville en 1633:

Dans le sermon d'enterrement de Jean de Bary, il est dit: *Ses grands-parents étaient de Tournay, d'où ils durent s'expatrier par suite des persécutions religieuses; sa famille fut dispersée soit en Hollande, soit ailleurs. Ayant perdu son père en 1611, il fut placé en 1614 chez ses oncles Pierre et Jacques de Bary, alors établis à Amsterdam.*

Ceux-ci y étaient armateurs, car il est dit ensuite:

Lorsque six années plus tard ces Messieurs eurent frêté un navire marchand, chargé de toutes espèces de marchandises pour la Guinée en Inde, leur jeune neveu fit partie de l'expédition en qualité de volontaire.

A l'âge de 18 ans, Jean de Bary se trouvant à Strasbourg, y rencontra Achille de Vertemate dit de Werthemann, chef d'une manufacture de rubans de soie de Bâle, qui s'éprit d'une vive amitié pour lui et l'engagea à faire partie de sa maison.

Notre premier ancêtre suisse sut conquérir promptement un rang distingué dans cette importante industrie bâloise comme associé, puis, comme successeur d'Achille de Werthemann, dont il était devenu le beau-frère 1).

JEAN DE BARY fut marié 2 fois:

Dieses Geschlecht besitzt authentische, uns mitgetheilte Dokumente, dasz die Stammväter desselben schon zu Anfang des XV Jahrhunderts, von den ersten stellen zu Tournay (Dornick) bekleideten; dasz sie das jetzige Wappen schon führten, dasz sie keine Handwerker noch Handlung getrieben hatten; dasz sie endlich mit den edelsten Familien des Orts befreundet waren.

1) Il est à noter que l'aristocratie bâloise considère avec raison l'industrie de la soie comme une des plus nobles; car nous pouvons citer à l'appui de cette opinion le célèbre décret de François Ier, roi de France, existant aux archives de Lyon.

Suivant ce décret, les fabricants de tissus de soie ne dérogent pas, même au point de vue le plus strictement nobiliaire.

Rappelons ici que depuis l'an 1624, nos ascendants directs ainsi que la branche restée bâloise, n'ont pas cessé d'être à la tête de manufactures de rubans de soie.

1° en 1634 à JACOBÉE BATTIER, née 1609, † 1645, fille de Jean Battier, de St.-Saphorin, près Lyon, réfugié à Bâle, et de Anne Bauhin, fille de Jean Bauhin, célèbre médecin huguenot et de Jeanne des Fontaines 1).

2° en 1647 à SOPHIE FATTET, de Ste-Marie-aux-Mines.

Jean de Bary eut 23 enfants ! — de la première femme 6, entre autres :

1. JEAN DE BARY, qui suit ;

et de sa seconde femme 17, entre autres :

2. JEAN HENRI DE BARY, fixé à Genève, † avant 1735, marié à MADELEINE MALLET, née 1673, fille de Jacques Mallet, patricien génevois et de Salomé Deggeler, de Schaffouse.

Ils eurent 7 enfants dont la descendance s'est éteinte à Genève.

XIV. JEAN DE BARY (IVe du nom en ligne directe.)

Né à Bâle le 6 avril 1642, † le 1er janvier 1717.

Il épousa en 1667 ROSINE FURSTENBERGER, née 1645, † 1716, fille de Jacques Furstenberger 2), conseiller et trésorier de la ville libre de Mulhouse, et de Rosine Engelmann, fille de Philippe Engelmann, bourgmestre de Mulhouse.

Jean de Bary et Rosine Furstenberger, sa femme, eurent 11 enfants, entre autres :

1) La reine Marguerite de Navarre sauva son médecin Jean Bauhin en le cachant dans ses appartements la nuit de la St.-Barthélémy (1572).

Jean Battier, reçu bourgeois de Bâle en 1569, y mourut en 1602. Les Battier portaient : *De gueules à un château d'argent surmonté de 3 flammes de feu.*

2) Josué Furstenberger, fils de Jacques et frère de Rosine, fut bourgmestre de Mulhouse.

Les Furstenberger se fixèrent à Bâle en 1656. Ils portent : *D'or au chevron ployé de gueules à 3 têtes de rois.*

1. JEAN-JACQUES DE BARY, né 1667 à Mulhouse, † 1737 à Bâle, marié en 1694 à URSULE BIRR, fille de Melchior et de Marguerite de Wettstein 1).

2. ROSINE DE BARY, née 1673, mariée en 1696 à PIERRE DE VERTEMATE, DIT WERTHEMANN, seigneur de Wildenstein près Bâle, † 1756 2), dont un fils :

Pierre de Vertemate, dit Werthemann, seigneur de Wildenstein, membre du petit conseil de Bâle, † 1781.

3. JEAN DE BARY, qui suit.

XV. JEAN DE BARY (Ve du nom en ligne directe).

Né le 7 août 1682.

† le 18 juin 1754.

Il remplit les fonctions honorifiques de

Président du directoire commercial en 1734,

Membre du tribunal d'appel en 1735,

Membre du conseil secret en 1740.

Il épousa en 1709 SIBILLE ORTMANN, née 1691, † 1758, fille de François Ortmann, conseiller de Bâle.

Jean de Bary et Sibille Ortmann, sa femme, eurent 3 enfants :

1. JEAN DE BARY, qui suit.

2. ROSINE DE BARY, née 1712, † 1774, mariée en 1734 à NICOLAS BISCHOFF, conseiller de Bâle, né 1708, † 1774, portant : *D'azur à une crosse d'évêque d'or* 3).

3. FRANÇOIS DE BARY, né 1716, † 1782, membre du grand conseil de Bâle, marié en 1740 à ELISABETH WEISS, fille de Marc Weiss, membre du petit conseil.

1) Les Wettstein de Bâle furent anoblis en 1653 par Ferdinand III d'Autriche.

2) Nous donnons plus loin les armes de la noble maison de Vertemate qui s'est alliée à plusieurs reprises à la nôtre à Bâle.

3) Nicolas Bischoff descendait du savant typographe Nicolas Episcopius qui se fixa en 1520 à Bâle où il fut honoré de l'amitié d'Erasme.

Ils eurent un fils :

MARC DE BARY, né 1743, † 1770, marié à ANNE-CATHERINE DE VERTEMATE, DIT WERTHEMANN, dont une fille :

Anne-Elisabeth de Bary, mariée à Jean-Balthasar Burckhardt, patricien bâlois.

XVI. JEAN DE BARY (VIe du nom en ligne directe).

Né 1710, † 1800.

Il fut membre du grand conseil de Bâle en 1757, et du tribunal du petit Bâle en 1760.

De 1767 à 1796, il fut *Bourgmestre* de Bâle, c'est-à-dire chef de cette importante ville libre et de son territoire, l'un des principaux états de la confédération helvétique.

En 1777, Jean de Bary assista, comme ambassadeur suisse, au renouvellement du serment d'alliance avec la France à Soleure, alliance dont il fut un des partisans les plus influents dans son pays 1).

Le bourgmestre de Bary est considéré par les écrivains suisses de la fin du 18e siècle comme un des hommes d'Etat les plus remarquables que la confédération helvétique ait produits 2).

1) Le marquis de Vergennes, ambassadeur de S. M. le roi Louis XVI, remit à cette occasion aux ambassadeurs suisses, Messieurs de Bary, de Bâle et de Sinner, de Berne, des chaînes d'or supportant une médaille à l'effigie de ce souverain.

M. Jean de Bary, de Bâle, est en possession de ce souvenir très-précieux.

2) Le doyen Bridel, auteur vaudois très-estimé, étant pasteur à Bâle, adressa « à son excellence de Bary pour l'anniversaire de sa 81e année, » les vers suivants le 27 mai 1790 :

Respectable Nestor des chefs de l'Helvétie,
Honneur de nos conseils, père de la patrie !
Parens, concitoyens, tous viennent dans ce jour
Solenniser ta fête et t'offrir leur amour :
A tes longues vertus, bien plus qu'à ton grand âge,
Tout un peuple attendri présente son hommage....

JEAN DE BARY fut marié en 1733 à AGNÈS FREY, née en 1716 au château de Hombourg, † 1779, fille de Jacques-Christophe Frey, membre du conseil secret de Bâle, bailli de Hombourg, et de Marie Burckhardt.

La famille Frey, portant: *D'azur à une licorne d'argent*, est établie à Bâle depuis 1373 1).

Jean de Bary et Agnès Frey, sa femme, laissèrent un fils:

JACQUES-CHRISTOPHE DE BARY, qui suit.

XVII. JACQUES-CHRISTOPHE DE BARY.

Né le 12 mai 1746, † le 27 mars 1830.

Il fut membre du grand conseil de Bâle.

Jacques-Christophe de Bary épousa en 1768 ANNE-MARGUERITE DE VERTEMATE, DIT WERTHEMANN, née 1750, † 1800, fille de André de Vertemate dit Werthemann et de *Crischona* Bischoff.

Hélas! loin de se plaire au nombre de tes ans,
Il voudrait voir pour toi rétrograder le temps;
Mais que dis-je.... ce temps, qui vient blanchir nos têtes,
Fut employé trop bien, pour que tu le regrettes:
En faisant des heureux, dans sa course avancer,
Va! ce n'est pas vieillir, c'est s'immortaliser....
Répondant à nos vœux, puissent les destinées
Pour le bonheur public prolonger tes années,
D'un repos mérité, t'accorder les douceurs,
Et te payer ainsi la dette de nos cœurs!
Content des jours passés, joyeux par l'espérance,
L'avenir qui t'attend, sera ta récompense....
Qui remplit son devoir, vit et meurt satisfait:
La couronne du juste est le bien qu'il a fait.

Le portrait du bourgmestre Jean de Bary par Rigaut se trouve au musée de Bâle.

Un autre portrait de notre aïeul a été gravé par Christian von Mechel († 1817 à Berlin), artiste qui jouissait d'un renom mérité.

1) Jean Jacques Frey, capitaine bâlois, fit en 1587 partie du corps envoyé par la Suisse au secours du roi Henry IV de France.

Les de Vertemate, dit Werthemann, de Bâle, portent: *Coupé: d'or à un aigle de sable; de gueules à une tour d'argent avec porte ouverte.*

Hospinius della Porta, issu d'une famille noble de Milan, était en 1130 châtelain de Vertemate. Ses descendants se fixèrent en 1207 à Plurs, dans le comté de Chiavenne, où ils tinrent le premier rang pendant plus de trois siècles.

Lors de son voyage à Rome en 1216, l'empereur Louis de Bavière, étant descendu au château de Vertemate, autorisa le châtelain Jean de la Porte à ajouter à ses anciennes armes parlantes un aigle noir en champ d'or.

En 1587, Achille de Vertemate fut reçu bourgeois de Bâle et ce nom fut bientôt germanisé, c'est-à-dire changé en celui de Werthemann, seul porté aujourd'hui 1).

Jacques-Christophe de Bary et Anne-Marguerite de Vertemate dit Werthemann, sa femme, eurent 2 fils:

1. JEAN DE BARY, né 1771, † 1836, marié à DOROTHÉE RESPINGER 2), née 1771, † 1831, dont un fils:

1) Ce changement peu heureux du vieux nom noble des de Vertemate en Werthemann est un exemple des aspirations démocratiques et égalitaires du patriciat bâlois depuis 400 ans, c'est-à-dire depuis l'époque où les nobles, partisans de la maison d'Autriche, durent quitter cette ville libre, alliée des Suisses.

Laborde, dans son magnifique ouvrage publié en 1780 sur la Suisse, dit: *Il y a à Bâle quelques familles nobles d'origine, ou anoblies par des puissances étrangères; mais elles sont confondues avec les autres familles bourgeoises et elles sont obligées de se faire enclasser dans les tribus sans pouvoir prétendre à aucune distinction.*

Ces familles nobles d'origine sont à notre connaissance les suivantes:

Bary, Buckhardt, Mieg (de Bofzheim), Paravicini, Sarasin et Vertemate.

Parmi les familles anoblies, citons celles de Falkner (1562), Eglinger (1566), Gœtz (1600), Henric Petri (1612) et Wettstein (1653).

2) La famille Respinger est établie à Bâle depuis 1479. Plusieurs de ses membres ont fait partie des petit et grand Conseils de cette ville.

JEAN DE BARY, né 1797, † 1873, marié à SUSETTE SARASIN 1), née 1806, dont 3 enfants :

a. Jean de Bary, né 1825, marié à Louise Burckhardt 2), née 1837, dont 2 fils : Jean, né 1856, † 1870, et Rodolphe-Auguste, né 1863.

b. Jean-Auguste de Bary, né 1830, † 1875.

c. Marie de Bary, née 1837.

2. JACQUES-CHRISTOPHE DE BARY, qui suit.

XVIII. JACQUES-CHRISTOPHE DE BARY.

Né à Bâle le 29 août 1776, il vint se fixer en 1806 à Guebwiller en Alsace, où il mourut le 10 février 1838.

Jacques-Christophe de Bary créa à Guebwiller une importante manufacture de rubans de soie sous la raison De Bary-Merian.

Il fut marié en 1801 à ANNE-CATHERINE MERIAN, née 1783, † à Bâle en 1861, fille du colonel Daniel Merian et de Susanne de Vertemate dit Werthemann.

Les Merian, portant : *Tranché ; de sable à une étoile d'or ; d'or à un fragment de scie*, font partie du patriciat bâlois depuis 1529 3).

1) Gédéon Sarasin, reçu bourgeois de Bâle en 1628, était petit-fils de noble Renaud de Sarasin, qui vivait à Pont-à-Mousson en Lorraine vers le milieu du 16e siècle. La famille Sarasin occupe un rang élevé dans le patriciat bâlois, notamment dans la magistrature et l'industrie.

2) La vieille famille Burckhardt, une des plus aristocratiques de Bâle, est originaire de Bannach en Franconie, où l'on retrouve vers le milieu du 15e siècle Conrad Burckhardt, chevalier, et Marie-Elisabeth de Lichtenstein, sa femme. Leur petit-fils Christophe Burckhardt, devenu bourgeois de Bâle en 1523, y épousa Gertrude Brand qui appartenait à une famille distinguée.

3) L'empereur Ferdinand Ier, lors de son passage par Bâle en 1563, autorisa les Merian à ajouter à leurs anciennes armes une étoile d'or en champ de sable.

Plusieurs membres de cette famille ont occupé la charge de bourgmestre.

Le colonel Daniel Merian fut un des chefs les plus distingués de l'aristocratie bâloise.

Jacques-Christophe de Bary et Anne-Catherine Merian, sa femme, eurent 4 enfants :

1. CHARLES DE BARY, né 1802 à Bâle, † 1829 à Guebwiller.

2. FRÉDÉRIC DE BARY, né 1806 à Bâle et fixé à Guebwiller jusqu'en 1866. Naturalisé français, il fut conseiller d'arrondissement de 1855 à 1866. Associé de son frère puîné, il contribua au développement de leur industrie. Il mourut le 10 mai 1874 à Bâle où il s'était retiré.

3. JULIE DE BARY, née 1804, † 1867, mariée à JEAN-GEORGE FURSTENBERGER 1), né 1797, conseiller d'Etat de Bâle, mort en 1848 à Berne où il se trouvait en mission de son gouvernement.

4. ALBERT DE BARY, qui suit.

XIX. ALBERT DE BARY.

Né à Guebwiller le 4 avril 1813.

Citoyen français et bourgeois de Bâle.

Chef de la maison « de Bary-Merian & fils. »

Chevalier de la Légion d'honneur (1862).

Membre du consistoire protestant de Mulhouse depuis 1867.

ALBERT DE BARY fut marié le 19 mars 1840 à MARGUERITE-CHARLOTTE HUBER, de Bâle, née 1822, fille de Marc Huber et de Anne Verenet.

Les Huber, portant: *Coupé, de sable et d'argent à 3 annelets,* devinrent bourgeois de Bâle à la fin du 15e siècle 2). Ils se

1) On aura remarqué que la famille Furstenberger s'est alliée à la nôtre au 17e siècle en la personne de Jean de Bary, marié à Rosine Furstenberger.

2) Jean Rodolphe Huber, † 1601, fut bourgmestre de Bâle.

sont alliés aux meilleures familles patriciennes de cette ville aux 17e et 18e siècles, et notamment à la très-noble et antique maison de Bærenfels 1).

Albert de Bary et Marguerite-Charlotte Huber ont 3 fils :

1. EMILE-ALBERT DE BARY, né français le 8 juillet 1841, marié le 15 novembre 1866 à EMMA SCHLUMBERGER, née 1846, fille de Henry-Dieudonné Schlumberger 2), chevalier de la Légion d'honneur, maire de Guebwiller et conseiller général, † 1876, et de Emma Schlumberger.

Schlumberger porte : *D'azur à une montagne d'or surmontée d'une croix d'argent entourée de 3 étoiles d'or.*

Emile-Albert de Bary est associé de la maison *de Bary-Merian et fils* depuis 1866.

Il a de son mariage avec Emma Schlumberger 3 enfants :

A. MARGUERITE-HÉLÈNE, née 1867.

B. EMILE-HENRY-ALBERT, né 1870.

C. ANNE-HILDA, née 1872.

2. ALFRED DE BARY, né français le 12 décembre 1842, capitaine au 3e bataillon de la garde mobile du Haut-Rhin de 1869 à 1871 ; marié le 2 septembre 1867, à Goritz, à AMÉLIE-BERTHE RITTER DE ZAHONY 3), née 1848, fille de Wilhelm, chevalier Ritter de Záhony 4), chevalier

1) Valérie Huber, sœur de Marc, fut mariée à Jean-Louis, dernier baron de Bærenfels, seigneur de Hegenheim et Burgfelden, maréchal de la cour de la princesse d'Anhalt-Zerbst, ancien capitaine au service de France.

2) Nicolas Schlumberger, auteur de la grande famille patricienne de ce nom en Alsace, se fixa en 1545 à Mulhouse d'où l'un de ses descendants les plus distingués, Nicolas Schlumberger († 1867), père de Henry-Dieudonné, vint en 1806 créer à Guebwiller un grand établissement industriel.

3) M. et Mme Alfred de Bary ont eu l'honneur d'être présentés à Monsieur le comte et à Madame la comtesse de Chambord à Goritz en février 1877.

4) La famille Ritter de Záhony est établie depuis 1819 à Goritz (Illyrie), où elle occupe le premier rang tant dans l'aristocratie par ses hautes relations et ses alliances avec les anciennes familles nobles du

des ordres impériaux de la couronne de fer et de François-Joseph d'Autriche et de l'ordre royal de la couronne d'Italie, et de Elisabeth Kœchlin, de Mulhouse.

Ritter de Záhony porte : *D'or à un bras tenant un bâton de pasteur.*

Alfred de Bary est associé de la maison *de Bary-Merian et fils* depuis 1868.

Il a eu de son mariage avec Amélie-Berthe Ritter de Záhony 3 enfants :

A. MATHILDE-EMMA-ALICE, née 1868.

B. LOUISE-ELISABETH-GABRIELLE, née 1869, † 1870.

C. ELISABETH-MARIANNE-GABRIELLE, née 1872.

3. EDOUARD DE BARY, né français le 28 août 1848, lieutenant d'état-major de l'armée des Vosges pendant la campagne de 1870 à 1871, a repris son droit de bourgeoisie à Bâle en 1872. Il s'est marié le 16 octobre 1873 avec EMILIE-EMMA MIEG, née 1851, fille de Edouard Mieg et de Emma Weiss; dont un fils :

pays, que dans l'industrie par ses grandes entreprises auxquelles l'esprit de patriotisme ne fait jamais défaut.

Parmi ces alliances, citons les comtes de Nugent, Coronini de Cronberg, de La Tour en Voivre, Barbiano de Belgiojoso et les de Conti, Manziarly de Dellinyestye, de Steininger, de Brucker, de Sartorio, de Bœckmann, de Liebig, de Scarpa, etc.

Jean-Christophe Ritter, né 1782, † 183., était issu d'une famille patricienne de Francfort s/M. où elle avait dès le 15e siècle droit de bourgeoisie. Il se fixa en 1813 à Trieste où il fut membre du consistoire évangélique en 1817 ; puis, en 1819, à Goritz. En 1826, il eut l'honneur de recevoir dans son bel hôtel de Goritz l'empereur François Ier et l'impératrice. Ce souverain l'anoblit en 1829, en récompense des nombreux services rendus à sa nouvelle patrie, et l'autorisa à ajouter à son nom celui de la seigneurie de Záhony en Hongrie, qui lui appartenait.

Jean-Christophe Ritter de Záhony, marié deux fois, laissa une nombreuse postérité, entre autres trois fils : Henri, baron Ritter de Záhony, chef actuel de la famille ; Hector, baron Ritter de Záhony, chevalier de la couronne de fer et membre à vie de la Chambre des seigneurs d'Autriche, et Wilhelm, chevalier Ritter de Záhony.

JEAN-EDOUARD-RENÉ, né 1874.

Edouard de Bary est associé de la maison *de Bary-Merian et fils* depuis 1874.

Mieg porte : *D'or au lion de gueules; coupé : d'azur à 2 étoiles d'or* 1).

Parmi les branches de notre famille restées en Allemagne, nous n'avons à citer que celle dont les membres actuels nous sont intimement connus, soit celle de Pierre de Bary, deuxième fils de Louis de Bary, de Tournay, qui suit.

XIIbis. PIERRE DE BARY.

Marié en 1600 à SUSANNE DE MER, fille de Mathieu

1) La famille Mieg est originaire de Strasbourg où Pierre Mieg et Ursule de Lohen, sa femme, habitaient l'hôtel de Marbach vers le milieu du 15e siècle.

En 1472, la noblesse de cette famille fut reconnue par l'empereur Frédéric III qui l'autorisa à porter les armoiries dont elle fait encore usage aujourd'hui.

Pierre Mieg, † 1488, laissa 6 fils, entre autres :

1. Jacques Mieg, auteur de la branche aînée qui resta fixée à Strasbourg, où elle occupa les plus hautes charges, où elle s'allia aux familles nobles de la Basse-Alsace (voir la Chronique d'Alsace de Bernard Herzog, imprimée en 1592) et où elle s'éteignit en 1658 dans la personne du Stettmeister Guillaume-Sébastien Mieg. Celui-ci laissa une fille unique, Susanne-Elisabeth Mieg (mariée 1° à G.-L. Bellemont de Battincourt, 2° à J.-P. d'Altenau) qui s'appropria injustement le bien seigneurial de Bofzheim, érigé en 1598 en fidéicommis par Sébastien Mieg de Bofzheim. La non-restitution de cette seigneurie à la branche cadette donna lieu à des procès auxquels la révolution française coupa court.

2. Mathieu Mieg, auteur de la branche de Bâle.

Un de ses descendants, Mathieu Mieg, vint s'établir en 1661 à Mulhouse, dont il fut reçu bourgeois en 1665 et où sa postérité occupe depuis nombre d'années un rang très-élevé dans la magistrature et l'industrie.

En 1828, lors du voyage du roi Charles X en Alsace, Mathieu Mieg, arrière petit-fils du précédent et arrière grand-père de Mme Edouard de Bary, eut l'honneur d'être présenté à son souverain comme seul membre survivant du petit conseil de la république de Mulhouse.

de Mer à Francfort s/M., il jura la bourgeoisie de cette ville en 1601, puis il alla se fixer en 1609 à Hanau.

Pierre de Bary fut conseiller de Hanau de 1614 à 1635 1).

Il eut de Susanne de Mer, sa femme, 14 enfants, entre autres : Israel de Bary, qui suit.

XIII. ISRAEL DE BARY.

Né 1609, † 1661.

Marié à SARA BALDE, † 1684 à Francfort s/M., dont un fils, François de Bary, qui suit.

XIV. FRANÇOIS DE BARY.

Né 1643, † 1677.

Marié à MARIE-ELISABETH MERTENS 2), † 1717 à Francfort s/M., dont un fils, Jean de Bary, qui suit.

XV. JEAN DE BARY.

Né 1675, † 1758.

Marié en 1701 à RACHEL DU FAY, née 1676, † 1733, issue d'une ancienne famille noble du Cambrésis, où son chef portait le titre de Baron.

Jean de Bary et Rachel du Fay, sa femme, eurent 2 fils :

1. JEAN DE BARY, qui suit.

2. ISAAC DE BARY, né 1715, † 1757, marié en 1744 à SARA JORDIS, née 1718, † 1792, dont un fils :

JEAN DE BARY, né 1744, † 1806, marié à ELISABETH-AMÉLIE DE STOCKUM 3), † 1792, dont un fils :

1) Nous avons vu que Pierre de Bary était en 1614 établi en partie comme armateur à Amsterdam, avec son frère Jacques de Bary.

2) Les Mertens sont des Néerlandais, arrivés à Francfort par Anvers en 1580.

3) La famille de Stockum, aujourd'hui éteinte, fut anoblie en 1742. Le titre de baron lui fut concédé en 1792.

CHRISTIAN DE BARY, né 1775, † 1857, marié en 1801 à SOPHIE-CAROLINE-CHR. PILGRIM, † 1853, dont 4 enfants :

a. Henriette de Bary, née 1809, marié en 1840 à Wilhelm-Charles-Louis, Baron de Forstner de Dambenoy, né 1813.

b. Frédéric de Bary, né 1815, marié à Julie Sherpenhausen, † 1868 à New-York.

c. Guillaume de Bary, né 1816, † 1875, chef de la maison *G. H. Mumm et Cie* à Reims, marié à Eugénie Hœrner, de Stuttgart, † 1875, dont 3 fils : Alexandre, Louis et Arthur de Bary, citoyens français.

d. Albert de Bary, né 1824, fixé à Reims et marié à Léonie Fassin, dont 2 enfants : Raoul et Hélène de Bary.

Albert de Bary a été naturalisé français.

XVI. JEAN DE BARY.

Né 1712, † 1748.

Marié à ANNE-SIBYLLE ZIEGLER, née 1712, † 1761, dont un fils Christian de Bary, qui suit.

XVII. CHRISTIAN DE BARY.

Né 1743, † 1812 à Amsterdam.

Marié 1° à ÉLÉONORE-ELISABETH DE STOCKUM, née 1747, † 1782; 2° à ANNE-ELISABETH DE STOCKUM, VEUVE DU FAY, née 1751, † 1799, dont un fils, Jacques-Frédéric de Bary, qui suit.

XVIII. JACQUES-FRÉDÉRIC DE BARY.

Né 1782, † 1824 à Augsbourg.

Marié à AUGUSTE-MARIE-DOROTHÉE SCHŒNFELD 1), née 1788, dont un fils, Gustave-Henry de Bary, qui suit.

1) La famille Schœnfeld était noble, mais non immatriculée en Bavière.

XIX. GUSTAVE-HENRY DE BARY.

Né 1815.

Capitaine en retraite, fixé à Munich ;

Chambellan de S. M. le roi de Bavière.

Marié à FANNY JOHANNES, née 1815, dont 3 enfants :

1. ARTHUR-EUGÈNE-ALEXANDRE DE BARY, né 1843, assesseur royal à Munich.

2. ERWIN DE BARY, né 1846, docteur en médecine, fixé à Malte, marié à ANNE GRAMICH, dont enfants.

3. THÉODELINDE DE BARY, née 1847.

APPENDICES.

LETTRES TESTIMONIALES

données en 1563 et 1597 par les Prévôts et Jurés de Tournay.

A tous ceux qui ces présentes lettres voirront ou oirront, prevostz et jurez de la ville et cité de Tournay, salut; Scavoir faisons que le jour et datte des présentes, Nous avons veu, tenu et leu une lettre en parchemin et un acte en papier en forme d'attestation saines et entières en Escritures, signatures et sigillature, desquelles la teneur s'ensuit :

A tous ceux qui ces présentes lettres verront et oirront, Prevostz et jurez de la ville et cité de Tournay, Salut; Scavoir faisons que ce jour d'huy par devant Marcq Mamuchet, notaire compaignon Juré en Loy, comparurent personnellement honnorables personnes Josse de Beaumont, naghaires premier greffier de ladite ville et cité, eaigé de soixante sept ans ou environ, Paul Lempereur, Sr du Chastel de Havines, eaigé de quatrevingts ung ans et Jehan Martin, cidevant Juré et Eschevin en loy en ladite ville, eaigé de soixante treize ans ou environ, gens de bien, croyables et de bonne foy, Lesquels et chacun d'eux, par leurs foy et serment de leurs corps pour ce jurez en la main dudit Marcq Mamuchet, Juré, ont dit et certiffié, attesté et affirmé pour vérité, qu'ilz ont par cidevant heu bonne cognoissance de feu JEHAN DE BARY lequel en son vivant a vescu noblement et vertueusement, sans soy avoir, en aulcune manière, meslé ne entremis d'aulcun art mescanique, ains comme homme fort bien famé et renommé avait esté, par plusieurs et diverses fois, créé en Loy en ladite ville et cité, et meismes en estat du Chief d'icelle ville et cité; Sy comme ont estez aulcuns de ses enffans, les ungs esdits estatz de Judicature et ung aultre nommé NICOLAS DE BARY lequel aroit servy de archier de corps francq de hoqueton, longhe espace de temps, le Roy de France; esquelz estatz ilz ont aussy noblement et vertueusement vescu, et duquel Jehan de Bary seroyent deschendus en ligne directe et légitisme PIERRE DE BARY et NICOLAS DE BARY, son filz. Affirmant en oultre par ledit Lempereur qu'il a veu lesdits de Bary porter pour armes *en champs de gueulle trois testes de barbeaux timbre ouvert*, et sy a aussy veu les armes desdits de Bary lyéez et joincts avecq les armes de la maison DE CLERMÉS, laquelle a esté de toute anchienneté tenue et réputée pour noble maison. Desquelles certifications, attestations et choses dessus dites, ledit Nicolas de Bary, maistre d'hostel à hault, noble et illustre Sr Monsieur de Sempy, nous aurait esté requis lettres testimonialles pour luy servir et valloir en temps et lieu que de raison, que luy avons accordé ces présentes. En tesmoing de ce nous avons faictes et données le quatriesme jour de Janvier XV^C^ soixante trois, signées sur le replis J. Liebart en son temps greffier de cette ville, et scellées du scel aux causes d'Icelle en cire verte pendant en double queue de parchemin. Et ledit acte certifficatoire contenait de mot à autre cette teneur:

Je Jean Liebart, premier greffier de ladite ville et cité de Tournay certiffie à tous qu'il appartiendra, avoir visité et regardé plusieurs anciens régistres estans ès fermes et arches de ladite ville, par lesquels régistres ay treuvé plusieurs du soubz nom DE BARY avoir estez créez diverses années l'un des chefs de la Loy d'icelle ville, qui ne se faict de personnes exercans arts méscaniques ou négociation de marchandise, sy comme en l'an mil quatre cents vingt deux un nommé MARTIN DE BARY fut créé à exercer l'Estat de Mayeur des Eschevins de St. Brice et du Bruille audit Tournay, auquel Estat ledit Martin fut de rechef créé et continué ès années mil quatre cents vingt six, et trente trois, et en plusieurs autres années; entre deux aurait été créé l'une desdites années l'un des Eschevins de ladite ville, et les autres années l'un desdits Eschevins dudit St. Brice. Pareillement un autre MARTIN DE BARY que l'on dit avoir esté fils dudit Martin dessus nommé aurait esté créé en divers Estats, chef d'icelle ville, Sçavoir est ès années mil quatre cents soixante seize et quatre cent quatre vingts, aurait esté créé l'un des Prevostz de ladite ville, ès années mil quatre cents soixante dix sept et quatrevingtz un, aurait exercé ledit Estat de Mayeur des Eschevins de St. Brice et du Bruille, Et tant auparavant que depuis aurait exercé grands nombres d'années respectivement les Estatz de Juré et d'Eschevin dudit St. Brice, mesmement en l'année de son trespas qui advint en IIII^{c} quatrevingts trois il estait créé et exerçait l'Estat de l'un desdits Jurez d'Icelle ville; En l'an mil cinq cents et cinq JEAN DE BARY que l'on dit avoir esté filz dudit Martin dernier nommé aurait aussy exercé comme chef de ladite ville l'Estat de Mayeur des Eschevins dudit St. Brice et tant auparavant que depuis aurait semblablement exercé les Estatz de Juré et Eschevin d'iceluy St. Brice; Au moys de may mil cinq cents trente six JACQUES DE BARY qu'on dit avoir esté filz dudit Jean aurait esté créé par les Commissaires de l'Empereur audit Estat de Mayeur des Eschevins de St. Brice, et auparavant et depuis aurait exercé diverses années les Estats de Juré de ladite ville et d'Eschevin audit St. Brice; *Finalement plusieurs autres du dit soubznom de Bary par lesdits anciens régistres se trouvent avoir, longtemps auparavant les susnommez, estez créez en Loy, et en Estatz honnorables, lesquelz Estatz signament de Prévost d'icelle ville, et de Mayeur dudit St. Brice sont les plus honnorables comme chef de chacun Consistoire et ne sont accoustumez présentement d'estre exercez fors que par gentilzhommes bourgeois vivant noble- et de leurs revenus sans exercer arts mescaniques ny négociation de marchandises*, de laquelle certiffication de la part de NICOLAS DE BARY filz de Pierre, bourgeois de ladite ville, a esté requis avoir acte soubz mon seing manuel, que luy ay expédié ce quatriesme jour de Janvier XV^{c} soixante trois, Soubsigné du dit Jean Liebart, par dessus quoy j'ay signé.

Aujourd'huy cinquième de Novembre XV^{c} quatre vingts dix sept, comparans pardevant Charles de la Hamayde, Escuyer, Sr de Monniboy, et Bauldouin de la Chapelle, aussy Escuyer, Sr de Rumillies, deux de nos confrères Jurez, vénérables et dis-crettes personnes, Monsr Me Denis de Villers, prestre docteur ès loix, chanoine et chancellier de l'Eglize et Cathédralle de Notre Dame de cette ville, d'aage de cinquante ans, Monsr Me Jean Chohier aussy prestre doyen de Chrestiennes au diocèse dudit Tournay, d'aage de soixante six ans, Jacques Haccart, Escuyer, Sr du Carnoy, dépositaire du Roy notre Sire des balliages dudit Tournay et Tournesis, d'aage de soixante onze ans, Gualtère de Cordes, Escuyer, Sr de Ruwel, licensiez ès loix, conseiller de cette dite ville, d'aage de cinquante ans ou environ et Guillaume de Cordes, aussi Escuyer, l'un de nos Jurez, d'aage de quarante huict ans, Me Jean Meurisse, dépositaire de ladite ville, d'aage de trente huict ans, lesquels et chacun d'eux ont dit certiffier et pour vérité attester assçavoir ledit Me Denis de Villers in verbo sacerdotis mettant la main sur la croix, que ceux portant le soubznom DE BARY de cette ville se trouvent tant par Epitaphes, livres des Consaulx de cette dite ville, traitéz de mariage qu'autrement avoir vescuz noblement, Et comme tels Prévostz et Mayeur, Jurés et Eschevins, et estez alliez aux maisons lesquelles ont toujours estez réputées et tenues pour gentilzhommes, comme il appert de celle de BON ENFANT alliez à celle de DE LALAING dont fait foy certains Epitaphes en l'Eglize des Cordeliers de cette ville; de ceux DE CLERMÉS, DE WERQUINEUL, DE LANDAS, DE BERTRANGLE, DE CORDES, lesquelles ce jour d'huy sont encore réputées pour gentilzhommes portant armes telles que sont exposées et portées aux marges de cette déclaration, les dits DE BARY portant armes *de gueules à trois testes de barbeaux d'argent* comme ce voit au milieu de cette présente, en plusieurs Eglises de cette ville, et principalement en la sépulture de Damoiselle AGNÈS DE BARY, femme à JEAN THIEBEGOT, ensevelie soubz lame de cuivre devant le grand hostel de l'Eglise paroissiale de St. Brice, et ledit Chohier pareillement in verbo sacerdotis, qu'il sçay pour véritable que MARTIN DE BARY a esté allié avec Damoiselle CATHERINE BON ENFANT, de la famille de laquelle de mesme nom et armes eust espousé NICAISE DE LALAING, issu de la maison de Lalaing sans bastardise, et que dudit Martin de Bary et de ladite bon Enfant est issu Sire MARTIN DE BARY allié par mariage avec Damoiselle ANNE DE CLERMÉS, fille de Roger et de Damoiselle Catherine Bourgeois, Iceluy Roger de Clermés filz de Sire Roger, Prévostz de Tournay et de Damoiselle Marie Bœmin, sœur de Marguerite Bœmin, femme à Messire Guillaume de Halluin Sr d'Irthacke, et que dudit Sire Martin de Bary est venu JEAN DE BARY qui a espousé Damoiselle AGNÈS DE WERQUIGNEUL, et Damoiselle MARIE DE BARY, femme à PIERRE DE LANDAS, filz aisné de Jean de Landas, Sr de Corbion et de Damoiselle Agnès des Watines; Déclarans que lesdits bon Enfant portent *de gueules au chevron d'argent à trois loʒanges* ainsy comme elles sont portraictes au marge de ces présentes et lesdits de Clermés, *d'argent à la bande loʒangée de gueules, rompue d'une coquille d'azure en chef,* lesdits de Landas, *émanchées de dix pièces d'argent et de gueules,* et lesdits de Werquigneul, *d'or semé d'hermines rompues d'un croissant montant de sable ;* Affirmans en outre bien sçavoir que les Thiebegots ont estez alliez avec Damoiselle Agnès de Bary fille dudit Martin, portant lesdits Thiebegot, *d'or à trois pattes de gueules surchargées d'une fasce d'argent chargée de trois coquilles d'azure ;* Estant ledit Jean, filz de Henry Thiebegot et de Damoiselle Catherine de Clermés; Et le dénommé JACQUES DE BARY, filz de Sire Martin, a espousé Damoiselle MARIE JOSEPH portant *d'or à une merlette de sable ;* comme aussy atteste ledit Chohier que NICOLAS DE BARY filz de Pierre, a espousé Damoiselle ADRIENNE DE BERTRANGLE, et Damoiselle MAGDELAINE DE BARY ledit GUILLAUME DE CORDES, Escuyer, Sr de Ruwel, conseiller de ladite ville ; Affirmant que lesdits *de Bary, bon Enfant, de Clermés, Thiebegot, de Landas, Werquineul, Joseph, Bertrangle et de Cordes sont tenus et réputés pour gentilzhommes et damoiseaux et des plus anciennes familles de cette ville,* portant Iceux les armes comme elles sont paintes et posées au milieu et marges de Cette, ce qu'il sait pour avoir passé quarante ans faict profession de chercher des descentes et généalogies de plusieurs et grands nombres de nobles maisons, Et par delà et entr'autres de celles cy-dessus déclarées, attestant en outre le susdit Haccart bien sçavoir que les dessus nommez de Bary ont de tout temps estez réputez pour anciens et principaulx bourgeois de cette ville, et estre alliez avec ceulx du soubznom de Clermés, de Landas, de Cordes, et Joseph, lesquelz maisons il tient des principales et anciennes maisons de Tournay, ce qu'il sçait pour avoir esté alliez avec lesdits de Bary, Landas, et Clermés; affirmans davantage que lesdits de Bary ont portez les armoiries telles que sont paintes et apposées au milieu du blanc de Cette, et pareillement lesdits de Clermés, Landas, de Cordes et Joseph, ainsy qu'elles sont tirées aux marges de ces présentes ; Disans lesdits Gualtère de Cordes et Jean Meurisse bien sçavoir que ladite Damoiselle Magdelaine de Bary est alliée par mariage avec ledit Guillaume de Cordes, Sr de Ruwel, affirmant ledit Meurisse que feu Nicolas filz dudit Pierre a esté pareillement allié par mariage avec Damoiselle Adrienne de Bertrangle, et bien sçavoir que lesdits de Bary, Bertrangle et de Cordes portent les armes comme posées au milieu et marges de Cette, ce pour avoir espousé Damoiselle Anne de Bary, fille desdits Nicolas de Bary et Damoiselle Adrienne de Bertrangle, nièce de ladite Magdelaine, femme au susnommé Guillaume de Cordes ; Affirmant en outre lesdits Guillaume de Cordes et Louis Zivert, avoir eu bonne cognoissance de feu Pierre de Bary, filz de Jean et de Damoiselle Agnès de Werquineul, et que dudit Pierre et de Damoiselle Catherine Ridon, sa femme, sont issus entr'autres enfans Damoiselle Catherine de Bary ayant Icelle estée alliée par mariage avec feu Jacques le Maire, Marchand, demeurant en la ville d'Anvers, et que dudit Jacques et de ladite Catherine est issu entr'autres enfans Pierre le Maire encores à marier, demeurant en ladite ville d'Anvers, Attestans ledit de Cordes avoir veu et leu les traictez de mariages desdits Sires Martin et Pierre de Bary, passez pardevant tabellions Royaulx de cette ville, par lesquelz appert que Martin de Bary avait espousé Catherine bon Enfant et le susdit Sire Martin, son filz, ladite Anne de Clermés, fille de Roger, Et dudit Sire Martin de Bary et de Damoiselle Anne de Clermés seroyt issu et procréé Jean de Bary ayant espousé ladite Anne de Werquineul et que dudit Jean seroyt issu le susdit Pierre de Bary, père de Nicolas, frère à ladite Catherine de Bary, oncle maternel dudit Pierre le Maire ; sy atteste encores ledit de Cordes bien sçavoir tant par inspection qu'il a faicte de diverses anciennes sépultures reposantes ès Eglises St. Brice, des Cordeliers, des Augustins et autres lieux que lesdits Martin, Jean, Jacques et Nicolas de Bary ont faicts les alliances avec les familles cy dessus déclarées, Et qu'icelles familles ont de toute ancienneté esté tenues de meilleures et plus notables de cette ville, mesmement ayant visité les vieux registres de ladite Ville, a trouvé que lesdits Martin, Jean, Jacques et Pierre de Bary ont exercez par diverses années les Estatz de Prévostz, et de Mayeur de St. Brice, lesquels ne s'exercent que par personnes Notables et de Marques, donnant lesdits de Cordes et Zivert raison de leur dire parce qu'ils ont espousé asçavoir ledit Zivert feue Damoiselle Anne de Bary et ledit de Cordes Damoiselle Magdelaine de Bary, fille dudit Pierre et de ladite Damoiselle Catherine Ridon, sœur à ladite Catherine de Bary, tante audit Pierre le Maire, desquelles lettres de transcript et de vidimus, ensembles des attestations, certiffications et choses dessus dites ledit Pierre le Maire nous a fait requérir lettres testimoniales pour servir où il appartiendra; Et il trouvera convenir que luy avons accordé et faict dépesche de ces présentes, auxquelles en témoignage de vérité avons faict mettre et appendre le scel aux causes de ladite ville, qui furent faictes ledit cinquième de Novembre XV^{c} nonante sept. Sur le repli était signé Q. de Landas, Et scelé d'un scel de Cire verte pendant en doubles queues de parchemin.

Après collation faicte aux lettres originalles escrites en parchemin, scellées et soubsignées comme dessus et paintes de leurs propres couleurs, du texte de Cette a esté trouvée ceste Copie ce concorder de mot à autres avec Icelles par Moy David Mosdart, Notaire publicq résidant en ladite ville dessus dite ce deuxième jour du moys de Juin l'an seize cents et sept. (Ita attestor rogatus.)

RECONNAISSANCE DE NOBLESSE

par le Conseil héraldique du Royaume de Belgique.

Le Conseil héraldique du Royaume de Belgique,

Vu l'office de M. le Ministre des affaires étrangères en date du 10 février 1858, D. N° 1287, par lequel est soumise à l'appréciation du Conseil une lettre de M. le Comte de Marogna, Ministre résident de sa Majesté le Roi de Bavière, avec les pièces à l'appui, tendant à obtenir une déclaration de Noblesse en faveur de la famille DE BARY, établie autrefois à Tournai ;

Vu les titres et documents produits et notamment

1° la copie certifiée conforme d'un acte délivré par les Prévôt et jurés de la ville de Tournai le 5 novembre 1597 ;

2° l'attestation délivrée par le presbytère de l'église wallonne de Francfort s/M., en date du 8 mars 1838 ;

3° le rapport des Bourgmestre et Echevins de la ville de Tournai en date du 16 juin 1857, accompagné de huit documents extraits en copie des archives de cette ville ;

Ouï le Conseiller rapporteur en ses avis et conclusions ;

Revu l'article 1er de l'arrêté royal du 6 février 1844, déterminant les attributions du Conseil héraldique, article ainsi conçu :

Le Conseil . . . . est appelé à constater l'état nobiliaire de toute personne qui demande soit une élévation de grade, l'extension de ses titres à d'autres membres de sa famille, un changement dans ses armoiries, soit enfin la reconnaissance ou la confirmation des lettres patentes accordées par un Souverain étranger.

Art. 7. Le Conseil peut délivrer des attestations de filiation et de quartiers, et certifier la possession et l'usage des armoiries.

Certifie et atteste :

Que la famille DE BARY, déjà d'une noblesse ancienne au seizième siècle, était alliée aux meilleures familles nobles du Tournaisis, vivant noblement, ayant donné plusieurs membres à la magistrature de Tournay et portant pour armoiries : de gueules à trois têtes de barbeau d'argent, telles qu'elles sont figurées aux présentes.

Que la position nobiliaire de cette famille était bien établie avant les troubles des Pays-Bas de la fin du 16e siècle qui forcèrent un grand nombre de Tournaisiens, parmi lesquels se trouvaient entre autres *Jean de Bary*, *Jacques de Bary*, et *Jeanne de Bary*, enfants de *Martin de Bary* et de *Dame Elisabeth de Calonne*, à chercher un refuge en Allemagne, et les derniers à s'établir à Francfort.

En foi de quoi, le Conseil héraldique a délivré les présentes attestations, en séance à Bruxelles, le 12e jour du mois de Mai de l'an de grâce 1858.

Signé : Comte de Sauvage, président ; baron E.-C. de Gerlache, Gachard, comte E. de T'Serclaes, comte M. de Robiano, conseillers, et Loumyer, conseiller f. f. de greffier.

ATTESTATION DE M. DU MORTIER.

Pour satisfaire au désir de M. Alfred de Bary, Nous BARTHÉLEMY-CHARLES DU MORTIER, Ministre d'Etat, Grand cordon de l'ordre de Léopold, Membre de la chambre des Représentants, de l'Académie de Belgique, de la commission Royale d'histoire, etc., déclarons en témoignage de vérité ce qui suit :

1° Parmi les documents de la célèbre Compagnie des

DAMOISEAUX de Tournay, que nous avons sauvés de la destruction, se trouvent les comptes des recettes et dépenses de la Compagnie pour les années 1456, 1461 et 1464, où se trouve renseigné le payement de la redevance annuelle des membres de la Compagnie.

Au compte de 1456, on lit ce qui suit:

« *autre recepte faicte à ceulx qui donnèrent les XX Sols*
à SIRE JEHAN DE MORCOURT
JEHAN DE LEUZE
MARTIN DE BARY
JEHAN DE HURTEBIZE
ERNOUL DE WAUTRIPONT
LOIS DOU MORTIER
JEHAN LE FLAMENG
monte les personnes dessus VIJ L. tournois
cheux qui doivent encore les XX S.
SIRE SIMON DE SAINT JENOIS
JEHAN DE CLERMÉS, L'AINÉ
ROLLAND DE LEUZE
QUENTIN GARGATTE.
JEHAN HANERON
JEHAN DE BARY
NICOLAS LE DOUCHE
WILLAUME D'AUBERMONT
SIRE JEHAN VILLAIN. »

Au compte de 1461, on trouve encore parmi les Damoiseaux MARTIN et JEHAN DE BARY *(de dehors)*.

Au compte de 1464, on trouve encore parmi les Damoiseaux MARTIN DE BARY, mais JEHAN DE BARY n'y figure plus.

MARTIN DE BARY fut PRÉVOT *(Duumvir)* de Tournay en 1476 et 1480, mais les comptes des Damoiseaux, pour ces années, n'existent plus.

Notons que pour être DAMOISEAU il fallait appartenir à la NOBLESSE.

2° Les Damoiseaux de Tournay envoyaient chaque année 20 à 30 de leurs membres au TOURNOI DE L'ÉPINETTE à Lille. Parmi ces tournois on remarque celui de 1435, où figurèrent 27 Tournaisiens. En voici l'énoncé d'après le mémoire de Sire Jean Ruvoir :

Ceulx de Tournay vindrent en moult bel arroy anecy estandards et grande noblesse, et ai-je mis les armes qui furent mises au parcquet du Tournois.

Et parmi eux :

JEAN DE BARY — *de Gueules à 3 testes de barbeaux d'argent. Timbre : l'issant d'un griffon d'or.*

Dans le manuscrit N° 1000 de la Bibliothèque de Cambray, puclié par M. Lucien de Rosny, et dans les manuscrits du comte d'Hespel et de M. De la Grange, on voit que JEAN DE BARY figura parmi les Damoiseaux de Tournay aux tournois de l'Epinette en 1438, 1447 et 1456.

3° Dans la liste originale, qui vient d'être retrouvée, du MAGISTRAT de la République de Tournay, élu à la Ste-Luce 1280, jusqu'à la Ste-Luce 1281, c'est-à-dire à l'époque où cette république était oligarchique, et où nul ne pouvait être élu Magistrat s'il n'était *homme de lignage et souffisant*, on trouve dans le corps des PRÉVOTS et JURÉS, qui était le premier de la République, GRARS (GERARD) DE BARI, JURÉ.

DE TOUT QUOI IL RÉSULTE QUE LA FAMILLE DE BARY, QUI PREND SON NOM DU VILLAGE DE BARY, PRÈS TOURNAY, EST L'UNE DES PLUS ANCIENNES DE L'ARISTOCRATIE DE L'ANTIQUE CAPITALE DES FRANCS.

En foi de quoi, Nous avons signé le présent et y avons apposé le cachet de nos armes.

Fait à Tournay, ce 15 novembre 1874.

Signé : *B.-C. Du Mortier.*

EXTRAIT
DU REGISTRE DE LA SAINTE-LUCE.

Tournay, 1280—1281.

Chi commenche li registre de le Sainte Lusse l'an MCC et LXXX jusques à le Sainte Lusse l'an MCC et LXXXJ.

Ci apriès furent li juret :

Willaume Castagne, provos
Jehans Dorke *(d'Orcq)*, provos
Jak. Moutons
Henris Pourrés *(Henri à li Take, dit Pourrés)*
Jak. li Vakiers
Jehans de Cordes
Ernouls Catine
Gilles Carbons
Nicholes Vilains au Polc
GRARS DE BARI
Thumas Froimons *(de Froidmont)*
Jehans Parens
Willaumes Viviers
Jehans Delefosse *(de la Fosse)*
Jehans li Cauderliers
Gilles li Toiliers
Jehans Colemers
Hues de Hiertaing *(seigneur d'Hertain)*
Gilles Trucneavoir
Gilles Rémis
Jehans Mineue
Hues li Fors
Gossuin de Maubrai li jovenes
Gilles Grimaus

Jehans Fouke
Jak. de Brunfeit
Watiers li Bigardes
Crestuens li Mairemiers
Colars Hagnekagne.

Certifiée sincère la liste des Prévôts et Jurés qui précède, par le soussigné archiviste da la ville de Tournai, le 16 Novembre 1874.

Signé : *H. Vandenbrœck.*

EXTRAIT

DU REGISTRE DE LA LOI DE TOURNAY

(Années 1472—1489.)

Veu la poursuite faicte en jugement par devant nous, prevostz et jurez de la ville et cité de Tournay, par le Procureur général de ladite ville, à cause d'office, à l'encontre de MARTINET DE BARY, PIÉROT DE BARY, frères, enfans Jehan de Bary, ROLEQUIN DE BARY, fils inlégitième S^e^ Martin de Bary, et PIÉRART DE LE MOTE DIT HUSTIN. Sur ce que, à la requeste dudit procureur, ilz avoient esté appellez et adjournez criminèlement aux bretesques et après aucuns deffaulx contre eulx obtenus, ledit procureur disoit et proposoit que le cinquième jour de juing l'an mil IIIJ^c^ LXXVIJ, environ huit heures du soir, en la rue d'entre la vièse porte Morel et le chimentière de l'église Saint Brixe en ladite ville, s'estoit meu grand débat, conflict et meslée entre lesdits MARTINET et PIÉROT DE BARY, frères, ROLEQUIN DE BARY,

PIÉRART DE LE MOTE DIT HUSTIN et HAQUINET DE QUINGHIEN, d'une part; MATHIEU DE LE MOTE DIT HUSTIN, JEHAN BAIGNART, GUILLEBERT LEFÈVRE, COLART BRIEFMAN et MATHIEU DU BROECQ, d'aultre part. Ouquel débat en y avoit heu pluiseurs bléchiez et navrez d'une partie et d'aultre, et miesmement y feut ledit Jehan Baignart navré d'une plaie d'estocq en le poitrine ou lez dextre, de laquelle il avoit esté tenu en péril de mort et d'affolure, et depuis à l'occasion d'icelle, ledit Baignart estoit allé de vie à trespas. Et se y feurent navrez ledit Guillebert Lefevre de trois playes, l'une en péril de mort et les deux aultres en péril d'affolure et ledit Mathieu du Broecq d'une playe en péril d'affolure. Et pour ce que par les conjurations faictes desdits Baignart et Guillebert Lefèvre, icelui Baignart n'avoit sceu déclarer qui luy avait fait ladite playe ne ledit Guillebert qui lui avoit fait deux desdites playes, nous avions fait crier et publier aux bretesques de ladite ville que celui ou ceulx qui faictes les avoyent et tous ceulx qui ausdits faits avoyent esté aydans, complices et confortans, le nous mandassent et feissent savoir souffisamment dedens tiers jour, sur peine desdits cas estre tenus et réputez à mauvais, vilains et murdriers. Et néantmoins n'y avoit heu personne qui en heust rien mandé, en encourant par tous lesdits BARYS et PIÉRART DE LE MOTE, qui tous avoient esté frappans audit débat, les peines à ce introduites. Disant oultre ledit procureur que combien que sur ce heussions fait faire pluiseurs enquestes et informations, s'y n'avions-nous peu attaindre ne savoir clèrement qui avoit fait les dites playes et navreures. Parquoy ledit procureur disoit tous les dessus nommez de Bary et Piérart de le Mote dit Hustin devoir estre tenus et réputez coulpables dudit cas et homicide commis en la personne dudit Baignart, et par conséquent eulx et chacun d'eulx avoir perdu l'abitation de ladite ville à perpétuité, sur peine de mort se tenus y estoient, et comme telz enregistrez ès registres criminelz de ladite ville et leurs biens confisquiez, alléghant à ce proppos les privillèges de ladite ville observez sur le fait des homicides. Concluant ledit procureur que ainsy en feust par nous fait, jugié et ordonné ou autrement comme de raison verrions appartenir. Pendent laquèle poursieute, lesdits MARTINET, PIÉROT et ROLEQUIN DE BARY se feussent portez appellans de nous, et quant audit Piérot de le Mote, il ne vint ne comparut ne personne pour lui aux jours à lui assignez, et par ce feut conthumasse par quatre deffaulx et intervalles suffisans et les informations faictes dudit cas contre lui déclairé valoir enqueste et ordonné que droit seroit fait sur icelles. Et après que lesdits Martinet, Piérot er Rolequin de Bary heurent relevé leurs dites appellations et la cause ventilée en la court de parlement, icelle cause avec lesdites parties heussent esté, par arrest de ladite court, renvoyées par devant nous au quinsième jour de février lors ensuiant et darrain passé, en enjoingnant par icelle court ausdits Martinet, Piérot et Rolequin de Bary de comparoir audit jour en personne par devant nous, sur paine d'estre attaints et convaincus des cas à eulx imposez. Auquel jour, ledit MARTINET estoit comparu offrant ester à droit par devant nous sur ledit cas. Sur lequel Martinet feismes prestement mectre et asseoir la main de justice et le constituer nostre prisonnier, et depuis le feismes amener et interroghier pardevant nous en jugement sur les choses dessus touchées et meismement sur la navreure dudit Jehan Baignart; lequel y avoit respondu en dényant avoir fait ladite navreure et mettant de fait et offrant à prouver ladite navreure avoir esté faicte audit Baignart par ledit Rolequin de Bary. Aquoy le heussions admis et receu pour valoir ce que raison donroit. Et pour ce faire à lui depputé certains commissaires d'entre nous par devant lesquels ledit Martinet heust produit et fait oyr tant ou telz tesmoings que bon lui heust semblé, et depuis renunchié à plus produire, soy rapportant sur ledit cas à nostre ordonnance. Et au regard desdits Rolequin et Piérot de Bary, ilz ne comparurent audit XVe jour de février, et pour ce contre chascun d'eulx, ledit procureur, en ramenant à fait ledit renvoy, heust contendu à avoir le tiers deffault autreffois par luy contre eulx requis et que ses conclusions lui feussent faictes et adjugiés. Et tellement y feut procédé que lesdites informations feurent par deffaux et conthumace contre ledit Piérot de Bary prononcées valoir enqueste. Et ledit Rolequin, par la bouche de Jehan Clais, son procureur fondé par lettres de procuration, se porta de rechief pour appellant de ladite poursuite, disant ledit Jehan Clais que ledit Rolequin estoit au service du Roy nostre S^r, ignorant ledit renvoy et par ce n'avoit peu comparoir à ladite journée assignée, requérant avoir délay de trois mois, pour endedens iceulx faire comparoir ledit Rolequin par devant nous, laquelle appellation ledit Rolequin a depuis relevée à ladite court de parlement. — Veu aussy lesdites informations et enquestes, les tesmoings produis par ledit Martinet non reprochiez par ledit procureur, ensemble les privillèges, usaiges et coustumes anchiens de ladite ville et tout ce qui, en ceste partie, faisoit et fait à veyr et considérer et qui nous poet et doit mouvoir, heu sur tout advis et conseil à grande et meure délibération à pluiseurs notables clercs de droit et autres, nous avons, par nostre sentence et jugement lesdits MARTINET et PIÉROT DE BARY et PIÉRART DE LE MOTE DIT HUSTIN et chascun d'eulx, bannis et bannissons à tousjours de ladite ville et cité, pouoir et banlieue d'icelle, et déclaré et déclarons que jamais ne pourront ravoir ne recouvrer l'abitation de ladite ville se auront paié chascun ung ban de quatre fois dix livres et fait chascun ung voyaige et pélerinaige, est assavoir ledit MARTINET à Saint-Jaques en Galice, ledit PIÉROT DE BARY à le Magdelaine des désers et ledit

PIÉRART DE LE MOTE à Nostre-Dame de Rochemadour, tout au prouffit de ladite ville. Et quant audit ROLEQUIN, pour révérence dudit appel et de la court souveraine, nous nous y touchons quant à présent.

Publyé le vendredi XXJ[e] jour de janvier l'an mil IIIJ[c] LXXIX (1480, n. st.)

(En marge de l'acte se trouvent les mots suivants :)

Grâce faite à Piérot de Bary.

Pour extrait conforme
L'archiviste de la ville de Tournai
Signé: *H. Vandenbrœck* 1).

1.) M. H. Vandenbrœck a bien voulu nous adresser trois autres extraits du registre de la Loi de Tournay (années 1425-1442), que voici :

3 décembre 1442. *Martin de Bary, fil Martin, X livres* (c.-à-d. est condamné à une amende de 10 livres) *pour désobéissance par lui faicte à justice de non aller tenir prison comme parent prouchain de Jehan de Bary, pour baillier le seurté à Willaume de le Motte et aux siens, ainsi qu'il estoit ordonné par Mess. prevostz et Jurez et de par eulx à lui enjoinct et commandé. Fait le IIJ[e] jour de Décembre.*

15 Mai 1440. *Haquinet de Bary, fil de feu Colart, Coulongne,* (c.-à-d. est condamné à un voyage à Cologne) *au prouffit de la ville, pour avoir sur le deffence à ly faite par justice de non porter ung grand coutiel à clau, le porté, ou content de justice. Enjoinct le XVe jour de May.*

15 février 1442 (1443 n. st.) *Jehan de Bary, fil de feu Colart, à Notre-Dame de Rochemadour, pour avoir, au mois d'aoust darrain passé, pris noise et débat à Jehan Derwaise et Raphaël Destrayelle etc. Enjoinct le XVe jour de février.*

ERRATA

—

Page 62, ligne 24. Au lieu de De Courtoise, lisez : *Le* Courtoise.

Page 76, ligne 4. Au lieu de fils de feu Michel, lisez : fils de feu *Jacques*.

Page 111, annotation 2. Au lieu de fils d'Arnould, lisez : *petit*-fils d'Arnould.

Page 131, suite de l'annotation 2 de la page précédente. Au lieu de par Rigaut, lisez : par *Hickel*.

Alinéa suivant. Au lieu de Un autre portrait, lisez *Ce* portrait.

A COLMAR

DES PRESSES DE Vve J. B. JUNG

imprimeur

Rue des Blés et rne Pfeffel.

www.ingramcontent.com/pod-product-compliance
Lightning Source LLC
Chambersburg PA
CBHW072147270326
41931CB00010B/1916
* 9 7 8 2 0 1 2 5 9 1 7 0 7 *